わたし、すっぴんジャージで「億」を稼いでます。

Sarah《サラ》

GENTOSHA
幻冬舎

わたし、すっぴんジャージで「億」を稼いでます。

Sarah《サラ》

はじめに

今、この世の中で、自分の仕事、パートナー、人生そのものに満足している人って一体どれくらいいるのでしょう。みんな、それなりに不安や不満を抱えて生きているんじゃないかと思います。

私の20代はとにかく不安だらけでした。激務に追われ、終電に飛び乗る日常の中、「このまま年齢を重ねていっていいの？」「今のままの仕事で大丈夫？」「この体力はいつまでもつんだろう……？」と、自分の将来に光が見えず、心の中に、いつもモヤッとした霧がかかっていました。

それに、30歳を目の前にして、煮え切らない彼氏との付き合いを続けながら、一体いつ結婚できるんだろうって、不安に思わないはずがないもの。

そんなある日、出合ったのがＦＸ（外国為替証拠金取引）でした。それは、ちょっとした運命のようなもので、「これだ！」と直感で思いました。これを極めたら、今の不安の大部分が解消されるはず。自分の未来が変わるんじゃないかって、夢と希望で胸が躍ったのを今でも覚えています。

多くの女性が望むのと同じように、私も、ごく普通に結婚し、子育てしながら幸せな家庭を築きたい、そう漠然とした夢を描いていました。旦那《だんな》さんのお給料が少なければ、私がお小遣い稼ぎをすればいい。そんなささやかな妄想を膨らませながら……。ところが、このFXとの出合いによって、私の人生は激変することになったのです。

ＦＸを始めた頃は、「これで飯を食ってやろう」なんて大層な意気込みがあったわけではありませんでした。でも、気がついたらOL時代の月給の何倍も稼げるようになっていて、トレードなんて簡単簡単♪　こんなに楽に稼げちゃうもんか♪　と。

ただ、それはあくまでもビギナーズラックで、地獄を知るのはその後のこと……。

成功と失敗。調子に乗ったり、裏切られたり。穏やかじゃない毎日の中で、挫折《ざせつ》を幾度となく繰り返し、その度に這《は》い上がって、今ではささやかとは決して言えない額を運用しています。あり得ない金額を稼ぎ、同じように稼いでいる仲間と知り合い、お金の使い方を学ぶチャンスにも巡り合えました。長い時間をかけて、ようやく本当の投資の世界を知ることができたのです。

投資の教訓は、人生のそれととてもよく似ています。

逃げるタイミングを間違うとドツボにはまる。
欲張り過ぎると逃げていく。
そこそこで満足することの重要さ。

リスクを負わないと、リターンは得られない。

FXを通じて様々な教訓を学びました。それが人生にちゃんと活《い》かせているかどうかは、また別の話ですが。

一方、FXで経済的自由を得て、男性に収入面で依存しなかったら、ぐっと選択肢の幅も広がるんじゃないか、もっと理想の結婚に近づくんじゃないかって思っていましたが、そんな甘い期待のせいか、恋愛ではいつも失敗の繰り返し。男女の仲って、どうやらそんなに簡単なことじゃないみたい。一生懸命なだけじゃ、なかなかうまくいかないんだな（笑）。

でも、コツコツと損切りしながら、一歩ずつ着実に利益を積み重ねれば、やがて大きな財産につながるって教えてくれたのもFXだった気がしています。

手に職もないし、キャリアもない。いつまでこの仕事を続けられるの？

彼氏もいないし、出会いもない。一体いつになったら結婚できるの？

貯金も全然ない。この先、私の生活大丈夫かな？

友達と話していると、そんな不安を口にする子がたくさんいます。「人生は自分のもの。自分で切り拓《ひら》くしかないのだから」。そう偉そうに語っている私も、まだまだ道の途中だったりします。

でも、普通のＯＬをしていた頃には、想像もつかなかった人生を今は楽しんで暮らしています。経済的自由以上に大きかったのが、時間的自由を得られたこと。自由な時間に仕事して、しんどくなったらお休みして。気分転換にカフェでトレードしたり、旅行中に旅費を稼いだり。贅沢《ぜいたく》な時間の使い方ができる。これが、ＦＸトレーダーの一番の醍醐味《だいごみ》です。

私はまだまだ学ぶことだらけの半人前。ただ、あの時、自分で人生を選んだおかげで、毎日ワクワクしながら生きています。皆さんがこの本を読んで、どう受け止めるのかはまだわからないけれど、この本がきっかけで、あなたの未来がちょっとだけ変わるとしたら……。まさにゼロから始まった私のＦＸ人生が何かの役に立つかもしれないなって思います。あなたの人生にも選択肢はたくさんあるって、私は信じています。

わたし、すっぴんジャージで「億」を稼いでます。　目次

ブックデザイン
渡邊民人（TYPEFACE）
写真

第1章

2005年——

一運、二金、三度胸

ここが勝負と見たら、勇気を持ってチャンスに飛び込むべし。運と資産があっても、度胸がなければ大きな決断はできないという格言。

1月10日

空港の化粧室に入り、鏡の中の自分を覗《のぞ》き込む。ひどい寝癖……。ブラシでボサボサの髪の毛をとかし、急いでメイクをし直す。パープルのタートルニットにデニムパンツ、ほんの少しヒールのあるブーツで小綺麗《こぎれい》に決めてみた。あまりカジュアル過ぎないように。身支度を完璧《かんぺき》に整えた後、空港の外でしばらく待っていると、頭のてっぺんからいきなり男の声が聞こえてきた。

「サラ、ようこそミラノへ」

驚いて振り向くと、ヒロがサングラスを外し、覆いかぶさるように抱きついて私を覗きこむ。そして、両頰に軽くキスをするイタリア式挨拶《あいさつ》を交わす。

ヒロと会うのは約半年ぶり。こうやって久々に顔を合わせると、どこかよそよそしい。小さな私とは対照的に、背が高くて、ジャケットがよく似合う。二重まぶたに鼻筋の通った彫りの深い顔。どちらかというと切れ長の目で、クールだと言われがちな私は、彼のような彫りの深い大きい目の優しげな印象の顔に心惹《ひ》かれる。身長150センチの私に対し、ヒロは180センチ。ないものねだりとはよくいったものだ。

「寒いでしょ。早く車に乗って」

ヒロはそう言って車の助手席のドアを開け、私を車に押し込める。そして手際よく荷物をトランクに積むと、運転席に座りハンドルを握った。

車はミラノ中心地ガッレリアの中に位置するパークハイアット ミラノに到着する。

「わお。素敵」

その贅沢な部屋に、飛び回りながらはしゃぐ。広々としたリビングルームにキングサイズのベッド、ダイニングルームのテーブルには白い花が飾られている。椅子とテーブルが置かれた緑豊かなテラスからは、ミラノの街が一望できた。

早速荷物の整理を始める私を優しく見つめながら、ヒロは思い出したように時計で時間を確認する。

「ごめん。悪いんだけど、これからすぐ仕事に行かなきゃならないんだ。夕方までには終わるから。サラはホテルでゆっくりしたり、その辺を観光したりしててもらえるかな。仕事が終わったら一緒に美味《おい》しいご飯でも食べよう」

「もう行っちゃうの？　しょうがないね。わかった」

ふくれっ面をしながら駄々をこねてみせたが、仕事の邪魔をしないという約束を思い出し、気持ちをぐっと押し殺す。軽いキスを交わすと、ヒロは颯爽《さっそう》とドアを閉めて仕事に向かった。

今回の私の行動を、彼はどう思っただろう。仕事を辞めたことはまだ内緒にしている。驚くに決まっているだろうが、その後の反応が気になる。

恋人のヒロは、一回り以上歳の離れた大人の男。ＳＮＳサイトで知り合った。ヒロは、イタリアを拠点にして、経営コンサルタントをしながら世界を飛び回っている。日本に帰るのは３、

4ヶ月に一度。その貴重なタイミングに合わせてデートを重ねてきた。忙しい彼と会うのは、決まって出張滞在中のホテル。彼も忙しい人なのだけれど、私も多忙を極めた日常を送っていたので都合がよかった。

アパレルの貿易会社に勤めて3年。私は、通販ショップ3店舗の管理運営、全国のアパレルショップへの営業、海外からの商品の仕入れを任されていた。会社の年商は15億円。社員4人、アルバイト10人のベンチャー企業にしては驚異的な数字だと、よく社長が自慢げに語っていた。毎朝8時45分に出社し、帰りは1週間に4日以上は終電帰宅。終電に乗り遅れた時は、漫画喫茶で仮眠を取り、翌日出社する。徹夜も月に数回。さらに、在宅ワークとして、雑誌の広告を見て注文してくる顧客の電話対応と、インターネットショップの受注処理を、土日は社員二人が交替で自宅待機しながら行っていた。そんな過酷な労働に心身ともに疲れ切っていた。

取り扱い商品が流行の服や靴だったりするくせに、実際の自分ときたら、出勤時は眉毛《まゆげ》を描いてマスカラだけしたほぼノーメイク。営業といっても、アポイントがある時以外は、ほとんどクライアントと顔を合わせることがないのをいいことに、動きやすい黒無地のTシャツにデニムパンツ、スニーカーが出勤着。社員もアルバイトも恋愛対象からは程遠い男ばかり。女性同士のファッションチェックがないという心の油断から、いつの間にか、自分の外見に全く気を遣わなくなってしまった。そのうち、口ひげでも生えてくるんじゃないかと心配になる。

ヒロと付き合うようになってからは、深夜に帰宅後、ＰＣでチャットするのが日課になっていた。夕食を終え、シャワーを浴びて一息つくのが午前2時、イタリアは午後6時。会議の合間に30分～1時間程チャットしてから就寝する。週末は、ほとんど外出せずにヒロと会話し一日を過ごしていた。毎日数時間のチャットと数ヶ月に一度の東京でのホテルデート。そのロマンチックで、非日常的なシチュエーションに心躍るのは間違いないのだけれど、果たして将来のことはどうするのだろうとか、彼はこのまま一生海外を飛び回る生活を続けるのかとか、深い話を今まで一度もしたことがなかったのだ。なかなか二人の距離が縮まらないことに、私は悶々《もんもん》としていた。

日々の仕事に忙殺され、気づくともうじき28歳になる。まだ28歳だけど、もう28歳とも言える。今年、大学時代の友人が一斉に結婚する。トモコはさずかり結婚、エミは元サヤ婚、ミサトは同僚婚。そして去年一緒に独身旅行をしたエミまで、合コンで見つけた彼氏と電撃婚するとついこないだ連絡があったばかり。こうも同時に全員旅立たれると、さすがに焦りが芽生えるものである。

4ヶ月前、就業時間後、皆が退社したのを見計らって社長室のドアをノックした。社長のデスクの前で歩みを止め、「何？」と無愛想に言う社長の目を真っ直ぐ見ながら恐る恐る声を出す。

「社長。結婚したいので、会社を辞めさせてください」

社長のたばこを持つ手が一瞬止まった。アメリカンフットボールで鍛えたという巨体をチェアからゆっくり起こし、たばこの火を消した。座りながらも、社長の目線が、上から私を見下ろすように突き刺さってくる。小柄な私なんか、一瞬で握りつぶされそうだ。たばこの乾いた煙が目に染みる。社長の表情を見るのが恐ろしくて、落とした目線を上げることができない。

社長は、皮肉な笑いを浮かべながら、

「ぷっ。お前が結婚？　なんかの冗談だろ」

と軽くあしらった。それでも怯《ひる》まずに私は続けた。

「本気です。私もう28歳になりますし。一度仕事にけりを付けて、人生を見つめ直したいんです。結婚もちゃんとします」

数時間にも及ぶ交渉の末、社長はついに退職を了承した。

社長には、「結婚します！」と宣言をしたものの、厳密に言うと、寿退社ではなかった。完全なる見切り発車。ヒロからプロポーズされたわけでもなく、結婚前提のお付き合いをしているわけでもない。ヒロと結婚前提のお付き合いにステップアップさせるために、まず会社を辞めた。そして将来の話をするためにイタリアを訪れたのだ。

正午。3時間の仮眠から覚め、外に出かける。ホテルに直結しているガレリア・ヴィットリオ・エマヌエーレ2世と呼ばれるアーケードを歩いてみた。ガラスのアーチで覆われたその巨大なショッピングモールには、プラダ本店、グッチ、ルイ・ヴィトンなど有名ブランドの老舗ブティックや、ひさしで覆われた小粋なオープンテラスカフェなどが軒を連ねている。色とりどりのモザイクタイルが敷き詰められている通りを歩くだけでテンションが上がる。

しばらく歩くと、広大な広場と、その奥にある巨大なドゥオモが目に飛び込んできた。ゴシック建築の、驚くほど繊細で複雑な彫刻に魅了される。ドゥオモと一緒に写真に写ろうと、カメラのレンズを自分自身に向けてシャッターを切る。あまりの大きさに、なかなかその全体像をうまく枠内に収めきれない。ベストアングルを探そうとウロウロしながら何度も写真を撮り直していると、「撮ってあげようか」と太ったひげのおじさんに声をかけられる。「ありがとう。でも大丈夫です」と苦笑いをしながらやんわり断り、小走りでその場を後にする。

トラムという路面電車が走るレトロな街並みを散策しながら、途中、カフェに立ち寄る。周りを見渡すと、イタリア人らしき人たちは皆、小さなカップに半分の量が入ったエスプレッソを飲んでいる。しかも、粗い粒の砂糖を2袋も投入して。私もエスプレッソを注文し、見よう見まねで袋に入った砂糖を全部入れ、一口飲んでみる。濃厚な苦さと甘さが口の中で戦っているような強い刺激に、体中の血管がきゅっと収縮していくのを感じる。咄嗟《とっさ》にグラスの水を口に流し込む。おかげで時差ボケによる眠気が一気に吹き飛んでしまった。

日が落ちかかり、空の色がほんのり赤みを帯びてきた頃、携帯電話が鳴った。

「今どこ？　迎えに行く」

「ええと。赤いお城みたいな建物の前」

「わかった。スフォルツァ城だね。じゃあ、そこで動かないで待ってて。すぐ迎えに行くから」

10分も経《た》たないうちにヒロが現れたかと思うと、「これからご飯を食べに行こう」と言いながら私の手を引き歩き出した。連れて行かれたのは、地元の人が集う庶民的なトラットリア。殺風景な門構えからは想像もつかないほど、店内は人で溢《あふ》れ、活気に満ちていた。

「サラは好き嫌いある？　僕が適当に頼んじゃっていいかな？」

好き嫌いは特にないと伝えると、ヒロはメニューを閉じ、店員に流暢《りゅうちょう》なイタリア語でオーダーをした。

「ここは、魚介とリゾットが抜群にうまいんだよ」

ヒロの大きな目が、優しく垂れる。しばらくすると、ワイン、バゲット、マグロのカルパッチョ、いかとからすみのパスタ、ポルチーニ茸《だけ》のリゾット、デザートが順番に運ばれてきた。

「ホントだ。このリゾット、下味がしっかりしていてすごく美味しい。日本で食べるのと全然違う」

「でしょ。ポルチーニ茸が肉厚で香り高くて最高にうまい」

次々に目の前に出される絶品料理に、自然と顔がほころぶ。

「そういえばヒロさん。今って1ユーロ136円くらいでしょ。日本から来る時に円をユーロに両替したんだけど、手数料がめちゃくちゃ高くてびっくりしちゃった。5万円がたったの363ユーロにしかならなかったんだよ。ヒロさんみたいにしょっちゅう日本に行ったりアメリカに行ったりしている人って、両替はどうしてるの？　一気に大きいお金交換して、ずっと持っておくの？　手数料高いから、いちいち両替していられないよね」

「僕はね。こっちで働いているし、ユーロで収入が入ってくるから銀行で両替することはあまりないかな。それに、FXやってるから、手数料なんてほとんど気にならないね。外貨と円の変動差で儲《もう》けてるから」

「え？　FX？　何それ？」

「外国為替証拠金取引っていうんだけど聞いたことない？」

「もしかしてそれって、外貨預金のことかな？」

「外貨預金より、ずっと手数料が安くてもっと効率良く稼げる方法だよ。例えば、米ドルが上がると思ったら円を売って米ドルを買う。これがロングね。米ドルが下がると思ったら円を買って米ドルを売る。これがショート。そうやってトレードした差益で稼ぐの」

「え？　売るの？　買うのはなんとなくわかるけど、売るって何を売るの？」

「ん〜。説明してもよくわかんないと思うから、後で見せてあげるよ。ちなみに僕はね。FXで去年1000万円稼いだよ」

1000万円。という予想もしていなかった数字にびっくりして目を丸くする。

「は？　1000万円？　それってどうやって？　米ドルが動くだけでなんでそんなに利益が出るの？　ヒロさんは元々の金額が大きいからそんなに儲けられたんでしょ？」

「外貨預金と違って、FXはレバレッジが利くからね。レバレッジってわかる？　テコの原理ってやつ。少額資金の証拠金を使って、その何倍、何十倍の取引をするの。株で言う信用取引だね。そのレバレッジを使うと、少資金でも大きく稼ぐことができる。為替レートの変動を利用して為替差益を取れれば結構大きな利益になるんだよ。それにさ、円に比べて、外貨はスワップ金利も高いからね。買って放置しておけば、毎日金利がもらえる。取引量にもよるんだけど、僕の場合、何にもしなくても1日あたり1000円以上入ってくるんだよ。銀行にただ預けておくよりはるかにいい。今は相場がいいから、サラでも稼げると思うよ。やってみれば？」

買い、売り、レバレッジ、スワップ……知らない単語ばっかりで、頭がパンクしそうになった。

「ところでさ。ヒロさんに言っていないことがあるんだけど」

フォークを徐《おもむろ》に置き、改まった口調で話を切り出した。

「実はね……私、仕事の休みを取ってミラノに来たんじゃないの」

「え？　どういうこと？」

怪訝《けげん》そうな顔でヒロが見つめる。

「仕事。休みじゃなくて、辞めてきたの」

「なに？　辞めたの？　いつ？　仕事で嫌なことでもあったの？」

ヒロはナプキンで口元を拭《ふ》き、頰杖《ほおづえ》をつきながら尋ねる。

「もともと3年は頑張るって決めていたし、区切りがよかったんだよね。貯金もできたし、ちょっとゆっくりする時間が欲しいなと思って」

「そうなんだ。じゃあ、お疲れさんってことだね。次の仕事は探すの？」

「ん〜。まだ具体的には考えていないけど。当分イタリアで暮らすっていうのもありかなっ」

冗談めかして、できる限り自然な流れで言ったつもりだった。けれど、核心をついた話を切り出した瞬間の、ヒロの動揺を見逃さなかった。

「イタリアは、住み心地がすごくいいよ。ただ、僕はイタリアが拠点だとは言っても、何ヶ月もアフリカに行ったりして戻ってこないことも多いし、またすぐ別の国に移動しなければならなくなるかもしれないし。だから一緒にいられる保証はないよ。だからホテル暮らししているわけだし。それでもいいの？」

それでもいいからついて行きたい。身を乗り出して懇願したかった。けれど、気持ちを押し殺してこう言った。

「そうだね。まだどうなるかわからないけど、日本に帰ってゆっくり考えてから決めるね」


ホテルへの帰り道、二人で夜道を歩いていると、再びドゥオモ広場へと辿《たど》り着いた。ライトアップされ、夜空にくっきりと浮かび上がる、白い大聖堂の幻想的な佇《たたず》まいに言葉を忘れ、なかなかその場から離れられない。しばらくすると、ヒロは、「さあ。帰ろう」と言いながら手をぎゅっと握り直し、再びホテルに向かって歩き出した。

1月11日

朝7時。パソコンのキーボードを叩《たた》く音で目が覚めた。ベッドで寝ている私の隣で、ヒロが膝《ひざ》の上にノートPCを乗せて、画面を見つめている。

「朝から仕事？」

「これ？　ほら。昨日言ったでしょ。FXだよ。これが今の為替レートでこっちがチャート」

そう言いながら、PC画面をこちらに向ける。

EUR/JPY　135・83 → 135・85 → 135・88 → 135・87
USD/JPY　103・89 → 103・90 → 103・95 → 103・94

為替レートと呼ばれるその数字は、赤と青の矢印に合わせて上がったり下がったり、刻々と変化していく。

「見て。僕が持っている今の保有ポジション。持ち高ね。含み益が542，400円。決済すると、僕のものになる予定の金額」

「うわ。すごい。昨日の話、ホントだったんだ」

雷で打たれたようなショックが全身を駆け巡る。

「年末にユーロ円が141円台まで急騰したんだけど、その後に下げてきたからね。もっと下げると思って、ずっと売る方向でショートポジションを持ってるんだよね。そろそろ決済してもいい頃なんだけど。ほら。チャートを見てごらん。ここで下値が支えられているでしょ。これが壁になってるから、反転しそうなんだよな」

ヒロが指差すそのチャートというグラフのようなものは、上に向かって棒状に伸びたかと思うと、今度は上と下に細い線を伸ばし、十字のような形になったりする。まるで生き物のように自由自在に形を変えながら、綺麗な波を形成していく。

このチャートを読み解くことができれば、大きな収入が得られるんだ。とてつもなく重大なヒロの秘密を、私は彼の隣にいて共有している。自分の置かれた状況に鳥肌が立った。

「僕は本業でしっかり働いているけど、不動産を買ったり、FXでトレードしたりしてお金にも働いてもらうんだよ。こうやって色んなキャッシュポイントを持っていれば、リスクヘッジになるってわけ。教えてあげるから一緒にやってごらん」

1月15日

イタリアへ来てから5日間、昼間は一人でミラノ市内の美術館や教会巡りをし、夜はヒロと食事をする。寝る前と朝は、一緒にベッドの上でチャートを眺める。そうやってミラノ滞在の時間はあっという間に過ぎていった。

上がると思ったら「ロング」つまり買い、下がると思ったら「ショート」つまり売り。そして利益が乗ったら「利食い」で利益を確定する。たったこれだけの作業で、ヒロは5日間で私の旅行代以上の金額を稼いでいる。私にもできるかもしれない。そう考えるだけで、期待に胸が弾む。

1月16日

日本へ帰国し、落ち着く間もなく向かったのは本屋。平積みになったFX関連本を3冊購入。イタリアを発《た》って以来、ヒロから見せてもらったチャートの残像が頭から離れない。あの正体と意味を自分の頭で理解し突き止めたい。その衝動が抑え切れなかったのだ。

「サラ。これからどうすんの？　ヒロさんのところに行くんだったら、ここのマンション更新近いから、引っ越そうと思うんだけど」

リビングルームのコタツで本を読んでいると、ルームメイトの奈美子がみかんを手渡しながら声をかけてきた。

同い年の奈美子とは、インターネットのルームシェア募集の掲示板で知り合った。家賃8万円の2DKの公団住宅に一緒に住み始めて5年が経つ。駅から徒歩5分、5階建ての最上階、周囲には大きな建物もなく見晴らしも日当たりも最高に良い。窓側の6畳の和室を家主である奈美子が、ダイニングキッチンを挟んで玄関に近い4畳半の洋室を私が使っている。家賃は折半。古臭い外観や、年に1回ほど出没するゴキブリ、ガチャガチャとつまみを回して火種をつける古いタイプのお風呂に関しては、さほど気にはならなかったが、クーラーが備え付けられていないのが唯一の難点。夏場は1台の扇風機を取り合うように二人で使っている。うちにある家具はすべてネットの「譲ります」掲示板で奈美子が他人から譲り受けたもの。大型テレビ、立派な冷蔵庫、機能充実の洗濯機はすべてタダ。しかも、配送料節約のために奈美子が車をレンタルし、自分ですべて自宅に持ち運んだという徹底ぶり。そんな彼女の節約術のおかげで、私は、3年かけて退職するのに十分な550万円の貯金をすることができた。

冬の時期に、奈美子と一緒に生活したことはこれまで一度もない。冬になると彼女はウェブデザインの会社を辞め、山籠《やまご》もりをしながらスノーボードに明け暮れる。そして春先になると山を降り、再びウェブデザイナーとして就職する。そんな生活を5年も続けている。

「一応イタリアに行く方向で考えてはいるんだけど。でも、ヒロさんからまだちゃんと返事聞けてないいんだよね」

本を読む手を休め、みかんの皮を剝《む》く。

「せっかくイタリアまで行ってきたのに、その話、しなかったの？」

「したんだけどさあ」

言葉に詰まった。

「もうちょっと待ってて。決まったら言うから。ところでさ。これ知ってる？　FXっていうんだけどね。ヒロさんがやってるっていうから私も始めてみようと思って」

そう言いながら、読んでいた本を奈美子に差し出した。

「知ってるよ。今キャリー・トレードとかって流行《はや》ってるんでしょ。私は、FXじゃなくて外貨預金ならやってるよ。貯金の半分以上は米ドル建てで持ってる。金利高いからね」

「なんだ。知ってるんだ。ヒロさんの生活費はFXから捻出《ねんしゅつ》しているらしいよ。去年、1000万円儲かったんだって。奈美子もまさかそんくらい稼いでるとか？　だから冬仕事しなくても生活できてるの？」

「そんなわけないじゃん。外貨預金はレバレッジが利かないから、利益っていっても、年間数万円程度だよ。それでも銀行に置いておくだけより全然いいから」

奈美子もいろいろやっているんだ。なんだか頼もしい味方が一人増えた気がして心強かった。

「あ。そうだ。言い忘れてたけど、私明日から北海道行くよ。4月まで帰らない。その間留守番よろしく頼むわ」

1月25日

早速FX口座を開設。まず、本に書かれてある通り、デモトレードというFXのバーチャル体験でトレードの練習から始めてみた。

ヒロがやっていたのを思い出しながら、実際に米ドル円を取引してみる。

USD/JPY　104・30　↓　104・41　↓　104・50

数値が少しずつ上がっていっている。USD/JPY（米ドル円）のペアを選んで、取引額と、ロング（買う）か、ショート（売る）かを選択してエントリーする。上がると思ったらロングというヒロの教え通り選択。レートは先程よりさらに上昇しているようだった。

104・50円　1000米ドル　ロング

よし、買えた。相場に参加していることを「ポジションを持つ」と言う。ちなみに私は今、買い注文をしたから、「ロングポジション」。注文完了直後はちょっと下がってマイナスでスタートしたものが、10円、30円、と徐々にプラスになっていく。

3時間後、再び保有ポジションをチェックする。

USD/JPY　104・95　評価損益　プラス450円

よし、上がってる。評価損益は、決済したら手に入る金額。今はプラスだから、「含み益」と呼ばれる状態。これがマイナスになっていると、「含み損」といって、決済すると損をする金額になる。マイナスの時は「損切り」といって、損を承知で決済して取引を終わらせたりもする。

すかさず決済。これで利益確定。種を植え、芽が出てくるのを待つ、そして実がなったら収穫する、まるで単純作業のゲームみたい。でも、所詮《しょせん》デモトレードはバーチャル。いくら仮想口座残高が増えても、自分のお金ではない。

「はあ。バーチャルってやっててもつまんないな。実践あるのみだ」

2月1日

ネットバンクにログイン。振込金額300，000円と入力。宛先「FXG証券株式会社」。暗証番号を入力。振込完了。

数時間後、証券会社から入金確認メールが届く。取引画面にログインすると口座資産300，000円という数字がしっかり反映されていた。これが私の証拠金となる。ミラノでヒロが口にした言葉を思い出す。

「お金に働いてもらう」

この30万円に頑張って働いてもらえばヒロさんのようになれるかもしれない。期待で気持ちが高ぶった。

2月15日

ヒロとはほぼ毎日チャットデート。ヒロが朝起きる時間帯にPCの前で待っていると、チャットでメッセージが入ってくる。

「おはよう。今日はこれからモロッコに行ってきます」

「忙しそうだね。体に気をつけて。ところでヒロさん。今何かポジション持ってる？」

「今はノーポジションだね。ドル円が104円くらいまで下がったらロングしようかなと思ってる」

「へ〜。じゃあ私もそれくらいで買ってみようっと」

「じゃあそろそろ出かけるね」

「わかった。いってらっしゃい」

チャットが終わると、ヒロは仕事に出かけ、私は床につく。

5月9日

「先週仕込んだロングポジションは、105・60円で決済したよ。狙い通り104・10円まで下がったところで買ったやつ。絶妙なタイミングだったな。今回は30万円の利益かな。サラは決済できた？」

いつもと同じ時間にヒロからチャットが入る。

「うん。私は怖くてすぐ決済しちゃった。１５０円のプラスだよ」

「よかった。エライ。プラスになることが大事だからね。サラ、だいぶわかってきたんじゃない？」

「全然だよ。ヒロさんの言う通りやってるだけだもん」

「そんなことないでしょ。自分で判断できるようになってきたし」

「ヒロさんは、ドル円１・５円の上昇で30万円の利益ってことは、20万米ドルで取引してるんだ。すごいな。私は、１０００米ドル。まだ怖いもん。早く大きいロットで取引したいな」

「慣れるまでは小さいロットで十分だよ。まだ始めたばっかりなんだから。複利って知ってる？」

「複利？　ん～なんとなくしか知らない」

「そうだな。例えばね、1回の取引で資金の10％分を使うとするよ？　30万円の10％は３万円でしょ。だから3万円を取引に使う。うまいこと利益があがって資金が40万円まで増えたら、今度はその10％の４万円を元に取引をする。50万円に増えたら5万円。そうやって、資金が増えるたびに取引額を増やしていくと計算してごらん？　１００万円超えたあたりから、取引額が大きな金額になって、資金もどんどん増えるから。だから今は、焦らなくていいんだよ。まず、大きく負けないことを考えなくちゃ」

「なるほどね。ちょっとシミュレーションしてみるね。ありがとう」

「ねえヒロさん。ミラノで話したことの続きなんだけどね」

ちょっと間を置いた後、意を決して話を切り出した。

「夏頃にはミラノに行けるように準備しようと思うんだけどどうかな」

「ミラノに？　やっぱり来ることにしたの？」

やっぱり？　ってどういうことだろう。

「こっちでやることは決めたの？」

「えっと。ヒロさんの側《そば》にいる。ふふ」

冗談まじりに可愛《かわい》く言ってみたつもりだったが反応が返ってこない。微妙な沈黙が流れる。

「もちろん、イタリア語の語学学校に通ったり、ＦＸしたりするよ」

咄嗟に付け加えた。

「やりたいことがあるならいいんじゃない。でもこないだも言ったけど……」

ヒロの文面から、予防線を張っているような感情が読み取れた。

「わかってる。ヒロさんは忙しいんだよね。迷惑かけないから」

「迷惑ってことはないよ。もちろん来てくれたら嬉《うれ》しいし……」

煮え切らない言葉。重い空気に耐えられない。

「とにかく、いろいろ決まったらまた報告するね」

そう言って、いってらっしゃいの言葉をかけた後、早々にチャットを切り上げた。

5月13日

ミラノ行きを相談して以来、いくら待ってもヒロはチャットに入ってこない。電話もつながらない。胸騒ぎがする。これまでもアフリカ出張等で連絡がつかないことは度々あった。はるか遠くで一体彼が何を考えているのか、今何をしているのか、全くわからない。ひょっとして、事故に遭ったのではないか。浮気しているのか。やっぱりミラノに来てほしくないのか。想像力を働かせてみたところで、思いつくことといえば最悪のことばかり。なんでもいい。とにかく一言でも声が聞きたい。そう願うしかなかった。不安な気持ちに蓋《ふた》をし、前向きな気持ちだけを掘り起こそうと必死になる。

5月20日

突然のメールだった。たった1行だけのメール。

〈ごめん。やっぱり、責任取れないよ。本当にごめんね〉

心の準備もないまま、二人の関係はあっけなく終わった。あまりにあっけなさ過ぎて、取り乱すこともできなかった。音信不通になってから11日間、安否を気遣い、夜も眠れなかったその時間が馬鹿らしく、無性に腹が立ってきた。

返信もしないまま、そのメールをゴミ箱フォルダに移動させる。ヒロから来た他のメールもすべてゴミ箱フォルダに打《ぶ》ち込む。チャットのIDも、大事に保存していたヒロとの写真もすべてPCから抹消した。

さあ。これからどうしようか。

ベッドに横になる。仰向けになり天井を見つめながら、深く溜息《ためいき》をつく。

男もいない。仕事もない。30歳目前に訪れた静かな幕切れ。失恋気分も漫《そぞ》ろに、自分の今後の人生を憂いた。

5月22日

風呂あがり、キッチンに立ったままりんごをかじっている奈美子にさり気なく切り出す。

「奈美子。悪いんだけど、当分日本にいることにしたからマンション更新してくれる？」

「え〜。結局ミラノ行くのやめたんだ。ヒロさんは？　別れたの？」

「まあね。責任取れないって言われた」

「そうなんだあ。しょうがないね。じゃあ更新しとくわ」

こういう時の奈美子は驚くほどあっさりしている。それ以上は深く追及してこなかった。話を聞いてもらいたい時は、自分から奈美子の袖《そで》を引っ張り、椅子に座らせ、怒濤《どとう》の勢いで話し出すのをわかっているからだ。そうしなかったのは、自分がすでに感傷から覚め、次のことを考えていたから。この4ヶ月間、ヒロから教わったFXトレードのこと。

もうこうなったら一人で生きていくしかない。そう決意した。トレードで生きていけるという確信はない。ただ、ヒロのようにトレードで生活できるだけの収入を得るんだ。そんな明確な目標が持てたのが、今はせめてもの救いだ。

6月30日

昨日の成績、プラス1，070円。

連日のように降りしきる雨。部屋にはムッとこもるような湿った空気が立ち込める。朝7時からパソコン画面との睨み合いを続けて5時間が経過。保有ポジションはマイナス200円まで下がったり、プラス300円まで上がったりと行ったり来たりを繰り返す。

昼食を取るのもすっかり忘れ、気がついたら外は真っ暗。夜8時になっていた。PC画面の明るさで部屋の暗さにも気づかなかった。徐に部屋の電気をつける。

トレードを始めて6ヶ月が経った。6ヶ月間の利益は合計95，000円。月によってばらつきはあったものの、驚くことに毎月プラス収支で、ひと月もマイナスになることはなかった。ひと月どころか、エントリーしたポジションはすべてプラス決済。つまり勝率100%、百発百中で勝ち続けることができた。含み損になることはあっても、数日間保有し続けると、すべてプラスで決済できた。含み損はあくまで評価損。つまり、損切りして決済しなければ実際のマイナスにはならない。

好調過ぎて逆に不安になる。たまたま相場がいいだけなのか、私に才能があるのか。どちらかはわからないけど、口座の残高が増えているのだけは夢ではないみたい。

今年いっぱいこのまま連続して利益が出せたら、元金を増やして、取引額も増やしてみてもいいかもしれない。現状1000米ドルで取引して、ひと月平均の利益が16,000円。これが10倍の1万米ドルだったら、16万円。これくらい稼げれば悪くない。

8月18日

昨日の成績、プラス950円。

清々しい真っ青な青空とは対照的に、焼き付けるような暑さが全身の体力を蝕《むしば》む。指をキーボードの上に乗せ、カチャカチャと動かしているだけなのだけれど、額と首筋からツーッと汗が伝うのがわかる。室内の温度に耐え切れず、PCのファンがブーンという音を鳴らしながら悲鳴を上げている。

会社員時代は、帰宅後の深夜と休日にしか自宅で過ごすことがなく、扇風機のみでなんとかこの暑さをしのぐことができたけれど、日中の部屋の暑さがこんなに過酷なものだなんて全く知らなかった。ついに、貯金を切り崩しエアコンを購入した。社会人生活5年目にして、PC以外に購入した初の家電製品だった。

12月8日

『東証マザーズ市場に新規上場された会社ジェイコムにおいて、証券会社担当者が「61万円1株売り」とすべき注文を「1円61万株売り」とコンピュータに誤入力した。投資家B・N・F氏は、この間の売買により、20億3500万円の利益を得ていたことが、大量保有報告書で分かった』

たった1日で20億円稼いだって。そんな取引が成立するなんて信じられない。「誤入力」と書いてあるけど、そんな千載一遇のチャンスに直面する人って、一体どんな人物なのだろう。何十年も投資経験のあるベテラントレーダーなのか、それとも本当にたまたまラッキーが舞い込んできた素人同然の若者なのか、あれこれ想像を巡らせる。そんな偶然に遭遇するって、きっと宝くじに当たるよりもレアなことに違いない。「宝くじは買わなければ当たらない」し、「偶然とは、常に準備している人に訪れる」とはよく言ったものだ。日頃から、相場を監視し、常にチャンスを探し続けていたからこそ訪れた好機だったに違いない。

12月24日

大変なことになってきた。トレードを始めて1年近く経とうとしている中で、初めて暴落に遭遇した。たった1週間でドル円が120円から115円まで下がったのだ。12月は、アメリカがクリスマス休暇に入るため、相場は閑散として動かないと本に書いてあったけど、全くのデタラメだ。

毎月コツコツ1万～3万円ずつ増やしていったFX口座の残高が現在45万円、そのうち含み損がマイナス3万円。1回のトレードでこんなに含み損を抱えたのはこれが初めて。致命的なことに、これほどまでに思惑と逆方向に行ってしまった時の対処法を全く考えていなかった。資金にはまだまだ余裕があるのだけれど、このままどんどん下がっていったら一体どうなるんだろう。

FXでは、証拠金が足りなくなると、マージンコールといって警告され、その後損失が埋まらないとロスカットといって自動的に強制決済される仕組みになっている。ロスカットに遭うと、今年の利益が吹き飛ぶどころか、軍資金が10分の1になってしまう可能性もある。ああ。心臓が痛くて爆発してしまいそう。

彼氏なし、出会いなしで迎えたクリスマス・イブ。冷蔵庫の中身、納豆、餃子、キムチ。恋人たちのイベントなんて、正直どうでもいいのだけど、せめて明日はケーキでも買ってきて奈美子とお祝いしよう。本当は、マイナス3万円にまで膨らんでしまった含み損が気になって、それどころじゃないんだけど。赤と緑のクリスマスカラーで彩られたデパートの素敵なクリスマスセールも、ロマンチックに輝くイルミネーションも今年はお預け。

深夜0時。奈美子の部屋から大きな音がする。開けっ放しの部屋を覗くと奈美子が大きなバックパックに荷物を詰めていた。

「もしかして奈美子、今年もボード行くの？」

「もちろん！　今年はカナダのウィスラーに行く。ワーキングホリデーのビザが取れるうちに行っとかないとね。明日からいないから留守はよろしく。また春に帰ってくるから！」

彼女はいつも、事前連絡もないまま唐突に家からいなくなる。

「何もクリスマスに行かなくても。せっかく明日ケーキ買ってきて一緒に食べようと思ったのに」

「ケーキかあ。太るからいいや。冷蔵庫にビールあるからそれで乾杯しよう」

そう言って、冷蔵庫からビールを取り出し二人で乾杯する。明け方までかけて準備を整え、彼女は旅立った。

12月28日

奇跡が起こった。

この5日間、増え続ける含み損の恐怖に怯《おび》え、ほとんど眠ることができなかった。一直線に下がるチャートを、不眠不休で監視してきた反動が一気に押し寄せ、無意識のうちにコタツの上にほっぺたをつけ熟睡してしまっていた。

3時間後、はっと目が覚め、眠い目をこすりながらチャートを見た瞬間、一気に眠気が吹き飛んだ。悩みの種だった含み損が全部プラスに転換し、3，000円の含み益に変わっていたのだ。チャートを見ると、陽線の長いローソク足が一本、階段を一気に駆け上がったかのように上に伸び、5日間の下落を帳消しにしていた。まるで、誰かが見かねて魔法をかけて私を助けてくれたのかと思うくらい、奇跡的な出来事だった。何も考えずに、夢中ですべてのポジションを決済した。これで、安心してお正月が迎えられる。

今回のトレードは、結果は良かったけど完全に失敗だった。何がいけなかったのか、どうすべきだったのか、対策を練るには、あまりに疲れ過ぎていた。取りあえず、何も考えず、何も悩まず、ただただ静かに眠りたかった。

PCの電源を切った後、ベッドに向かうことなく、コタツ布団の中に肩まで入り込んで、再び眠りについた。

2005年

総資産：5,153,000円

FXの利益：13万円。1年目にしては上出来。月8万円節約生活の甲斐《かい》あり。
恋愛：失恋1回。切り替えが大事。

第2章

2006年――

見切り千両、損切り万両

損失は執着せずに切り捨てて、次の利益を狙うこと。損失を広げないために、ある程度の損を覚悟で売買しなさいという格言。

1月4日

残高453，000円のFXの口座に、銀行の預金から55万円を追加移動した。トータル約100万円からの再スタート。危うい場面もあったけれど、結局去年FXを始めてから一度もマイナス決済をしなかったことで、大きな自信がついた。

1月31日

口座残高が順調に増えている。取引量を今までの10倍に増やした結果、1日平均15，000円の利益を出せるまでになっていた。月曜日から金曜日までトレードし、20営業日でプラス280，000円の利益。この1ヶ月間は、逆方向に相場が動いても、1週間その含み損を持ちこたえれば、すべてプラスに転じて利益にすることができた。勝率100％で一度も損切りなし。これはまぐれかもしれないし、そうじゃないかもしれない。トレード歴1年にして初めて、会社勤めの頃の月収に近づくことができた。生活費の捻出によって目減りしていた貯金を、これでようやく増やすことができそうだ。

2月27日

昨年末のジェイコム株事件で20億円儲けた投資家B・N・F氏が、夕方のニュースでインタビューされている。

秋葉原にいそうなオタク系メガネ男子。無職の28歳、私と同年代。一見どこにでもいそうな極普通の男だが、目だけは獲物を追う豹《ひょう》のように異様にギラついている。トレード部屋だと案内したその部屋は、狭いビジネスホテルのように配置されたベッドとデスク以外何もなく、全く生活感が感じられなかった。彼の主食は、カップラーメン。満腹になると集中力が欠如するから朝食は取らないらしい。そういえば、世界の大富豪ビル・ゲイツの大好物はマクドナルドだと聞いたことがある。富豪になるためには、食の欲求とも戦わなければならないってことなのだろうか。いや、単純に食に興味がないだけなのかも。

ふと冷蔵庫の中身が気になり、開けてみる。中には、納豆とキムチと餃子、前日に炊いてタッパーに詰めた白ご飯が入っている。「富豪の道はストイックな食から始まる」。勘違い甚だしい格言が突然頭に思い浮かび、笑いがこみ上げてきた。

そういえば、最後に外食したのはいつだったろうか。やはり、絶対的な安定収入が確保できない状態での贅沢は気が乗らないな。

3月1日

2月の成績、プラス726，000円。先月の利益と合わせて約100万円のプラス。想像をはるかに超えるスピードで、元金を2倍に増やすことに成功した。

年始から相場はよく動いている。高いボラティリティ（価格変動率）の中、たった数時間で何度もエントリーチャンスが訪れる。24時間動き続けるチャートを見つめながら、集中力の続く限り、寝食を忘れトレードに没頭した。トレードは、やればやっただけ、結果となって表れる。それがたまらなく充実感と達成感を与えてくれる。

思惑と逆方向に相場が動き、急激に含み損が膨らむこともあったけれど、数日間じっと耐えていると買値に戻る。最初の頃は胃がキリキリ痛む思いで含み損を監視していたのが、耐性がついたせいか、今ではそれほど焦りや恐怖を感じなくなっていた。金額が大きくなり、どうやら自然と度胸がついてきたようだ。

4月1日

3月の成績、ついに大台突破のプラス1，050，000円。劇的に進化した自分の実力が数字になって表れている。トレードが楽しくてしょうがない。

ニュースをチェックして、上がったら上がった方向にロングして、下がったら下がった方向にショートするだけ。実に簡単な作業で、こんな大金を手にすることができるなんて。この実力が本物であることを感じながら、とてつもない充実感に浸った。

トレードは決して甘いもんじゃない、長くやっていく過程で必ず失敗する時が来る、成功するのは全体のたった1割だ、と本に書かれてあったのを思い出す。その定説が正しいとするならば、私はその1割の選ばれた人間なのだと、目の前の結果が、それを証明してくれていた。

4月15日

今月は2週目にして早くも100万円の目標を達成した。

4月24日

午前7時。月曜日のマーケットオープンは米ドル円115・80円からスタート。マーケットニュースは、7ヶ国財務大臣・中央銀行総裁会議でドル高是正とか、日銀によるゼロ金利解除とか、相場を大きく動かしそうな内容で賑《にぎ》わっている。先週1週間で2円以上も暴落したし、そろそろ調整が入り、上げる可能性が高いからロングしてみてもいいかもしれない。早速米ドル円115・25円でロングした。

午後7時。非常にマズイ。買い注文を入れた時点からドンドン下落が加速しやがる。今日だけでもうすでに1円以上、下がっている。でもさすがにそろそろ下げ止まるだろう。ひょっとしたらこれは大きなチャンスかもしれない。買い増ししよう。

5月1日

午前9時。東京市場オープン。世の中はゴールデンウィークに突入し、行楽地は人でごった返しているとニュースで流れている。人々が悠々と連休を満喫している間も、チャートは素知らぬ顔をしながら淡々と動いている。私はただひたすらパソコン画面にかじりついている。ひとときも目が離せない。なぜならば、米ドルが上昇に転じる気配が一向に見られないから。何の調整もなく、ただただ雪崩《なだれ》のように落ちていくだけ。つい数週間前まで118円台だったのが、112円台にまで下がっている。含み損がマイナス40万円。目をそらしたくなる数字が並んでいる。でも今度こそ、大きく跳ね上がるタイミングに違いない。さらに追加で買い増しし、果敢に攻める。

午後2時。レートの動きが一段落したところで、気晴らしにネットサーフィンをする。緊張から解き放たれたとたん、空腹に襲われる。朝から何も食べていない。デリバリー寿司のサイトが目に留まる。特上一人前本まぐろ中とろ・まぐろ赤身・ぼたんえび・とろサーモン・つぶ貝・鯛・いくら・上うに・上穴子1本で2,980円。贅沢な旅行はできないけれど、たまには太っ腹な食事でもしてみるか。注文を済ませ、急いでキャミソールの上からジャージを羽織る。

5月4日

ようやくほんのちょっとだけ、下落のスピードが弱まってきて、今日は反撃の上げ相場。含み損もマイナス35万円まで回復。この辺で底を打つはずだから、あと1回買い増ししよう。これで一気に大逆転だ。この数日間、経験したこともない下落相場に見舞われた。この数ヶ月間の快進撃は、結局ただのビギナーズラックだったのか？　それとも、やはり私の勘と実力の結果なのか。その答えは、きっとこの勝負の結果が教えてくれるはず。

5月5日

信じ難い数字の羅列に絶句する。どうなっちゃってんのこれ？　底を打つどころか安値をさらに割り込んでいる。昨日買い増ししたせいで、含み損が増えるスピードも倍速になり、一気にマイナス70万円まで膨らんでしまっていた。金曜日、週末なのに、どうしよう。これ以上損しないために、ここでマイナスを確定して損切りするか……。悩んだところで、損切りする勇気もなく、来週に持ち越すことを決めた。

5月8日

ゴールデンウィーク明けの空港。幸せそうな家族や、日焼けしたバックパッカーの姿がテレビに映し出されている。PCに奈美子からのメールが届いた。
〈雪がそろそろなくなりそうだから帰るわ。お土産はメープルシロップでいい？〉

朝から頭痛が止まらない。一睡もせず、ベッドから起き上がる。憂鬱《ゆううつ》な気分でPC画面を覗き、嗚咽《おえつ》しそうになるのを必死でこらえた。含み損が信じられない額まで膨らみ、マイナス150万円にまで達している。何かの間違いかと思い、何度もログイン、ログアウトを繰り返してみたけど数字は変わらない。マウスを動かす右手が小刻みに震え、思うように動かせない。近くにあったティッシュを取り、指の間にかいた汗を何度も拭いた。あと2円下がったら完全に強制ロスカットに引っかかってしまう。絶体絶命の大ピンチ。一旦《いったん》全部決済して、また一からやり直そうか。いやいや、こんなに下がっているんだから、どう考えても底打ちするに決まっている。

損切りすべきか、耐えるべきか。

こんな自問自答を数時間繰り返してから、ようやく一つのアイデアが思い浮かんだ。これが吉と出るか凶と出るかは全く予想がつかないけれど、今はそれしか考えられなかった。

貯金から、100万円の追加投入。これであと4円は持ちこたえられる。さすがにこの状況から4円は下がらないだろう。下がらないでほしい。ここで踏みとどまってくれれば、きっと元の水準まで値を戻すはず。

（ああ。神様。二度とこんな馬鹿なことはしませんから、どうか今だけ私を助けて）

5月9日

深夜3時。恐怖で3日間ほとんど一睡もできないままついにその時を迎えた。一瞬何が起こったのかわからなかった。

深夜3時は、NY時間の午後2時。NY市場は昼休み明けで、ふだんは相場が大きく動くことはあまりない。けれど、この時は違った。ジリジリと下落の波が再び押し寄せてきたかと思った瞬間、踏みとどまるどころか、一気に暴落。こういうのを、セリングクライマックスと呼ぶらしい。「ここの壁は厚いだろう」と大多数のアナリスト達が確信を込めて予想していた111円台の壁を、商い薄になった深夜のたった今、目の前で一瞬割り込んでしまったのだ。含み損に耐えられなくなった市場参加者が一気に投げ売りを始めると、このセリングクライマックスがやってくる。

その結果、私のポジションはクライマックスからジ・エンドを迎えた。証拠金不足の強制ロスカット。私は、その瞬間、発狂して叫び出しそうになる口に拳《こぶし》を突っ込んで、前歯でその拳を思いっきり噛《か》みながら声を押し殺した。痛みなんかどうでもよかった。

ビービービーという、耳障りなマージンコールの警告音が耳にこびりついて離れない。結局、膨らんでいく含み損を切る勇気もなく、ただただ、その終わりの時を、指をくわえて眺めるしかなかった。それまで積み重ねてきた300万円の利益と追加投入した100万円が一瞬で吹き飛んだ悪夢。あまりに非現実的な出来事に、涙も出ない。

結局この3週間で、一度も調整的な反転を見せることもなく、9円もの下げを記録した。あり得ないことが起こるのが相場の恐ろしさだ。それを初めて身をもって体験した瞬間だった。

5月10日

あれから数日間、チャートを見る気にもなれず、悪夢の余韻を抱えながらふて寝をして過ごした。トイレに行って排泄《はいせつ》する以外、食べることすらしたくない。

FXの口座残高120万円。銀行預金の残高300万円。1000万円目前だったのが、たった1日で半減してしまった。失敗の大きさを考えると、目の前が真っ暗になって吐き気がする。でも、その一方で、抱えていた含み損という大きな荷物を下ろせたという、ある意味スッキリした気持ちもある。

この3週間ほとんど熟睡できなかったせいか、それから2日間、誰とも口をきかず、携帯にも触れることなく、ただただ眠り続けた。何も考えたくなかった。

納豆もキムチも入っていない、空っぽの冷蔵庫を開けてようやく我に返った。このまま寝続けていても、お金は増えないし、冷蔵庫も空っぽのままだ。取りあえず食料を調達しに行って、それから、トレードの反省会をしよう。反省点ならいくらでも挙げられる。タブーを犯した上に、さらに傷口に塩を塗るような行為を働いてしまった私に、同情の余地はなかった。きっと、相場の神様が「そろそろ自覚しなさい」と、それまで運で勝ってきたものを実力だと勘違いした私を戒めてくださったに違いない。

今回の失敗の反省

- 下がったら買い、上がったら売り、のトレンドと逆行した逆張りをしたこと
- 含み損はいずれプラ転すると信じ切っていたこと
- 損切りができなかったこと
- 資金を追加してしのごうとしたこと

やってはいけないこと

- 発狂すること
- 神頼みをすること
- 今回だけは特別だと言い訳をしてルールを破ること

まさに全部絶対やってはいけないことだらけ。今まで、それをやることによってうまく試練

を乗り越えてきたから、今回も大丈夫だって思ってしまったのが一番の反省点。

改善点

● 流れに逆らわない。上がったら買い、下がったら売りの順張りでトレードする
● ナンピン（含み損を持った状態で、さらに買い増すこと）も絶対しない。間違ったらすぐ軌道修正する
● どんなに心が痛くても損切りは絶対する
● 謙虚になる

反省点、改善点をノートに書き出した後、最初に買った指南書を読み返してみた。驚くことに、私が犯した失敗すべてが、タブーとしてしっかり書いてあるのだ。しかも、自分でそこに蛍光ペンで線を引いていたことすらすっかり忘れていた。やってはいけないとわかっていながらも、ついついやってしまう。どうやら、トレードをすると、その人間が持っている本質や弱さが、そのまま現れるようだ。

チャートを改めて振り返ってみてさらに驚愕《きょうがく》した。今回の大失敗は、米ドル円がまさかの暴落、9円下げで、資金がパンクしてしまったからだ。この暴落はめったにないレアケースだからしょうがないんだと、心のどこかで自分を納得させていた部分もあったのだけれど、過去のチャートを遡《さかのぼ》ってみると、1年に1、2回はこのような暴落や暴騰に遭遇するのだ。12ヶ月の

うち10ヶ月は穏やかなレンジ相場で、2ヶ月は下落や上昇が長く続くトレンド相場。私がやっていたようなトレードをしていたら、6ヶ月に1回の確率で大損してしまう計算になる。こんな事実も知らずに、運悪く事故に遭っただけなんだって自分を慰めようとしていたなんて。それまで勝ち続けていたことを、実力だと錯覚していたおめでたい自分に呆《あき》れ返る。でもまあ、全財産を失う前に気づけてよかったな。相場の借りは相場で返すんだ。

無情にも、私が強制決済を食らったあのセリングクライマックスの後、相場は底打ちし、その後3円も上昇している。あの時もうちょっと持ちこたえられていたら。深い溜息をついた。この「もしかしたら」という考えも、私の弱さなのかもしれない。

6月1日

ゴールデンウィーク明けの悪夢から約1ヶ月間、相場から離れていた。トレードをする手を休める代わりに、チャート分析、トレードの検証、デモトレードでひたすら練習に励んだ。デモで行ったデイトレードの結果は驚くほど好調だった。

この練習期間で一つわかったことがある。リアルマネーでトレードしていた時は、躊躇してなかなかできなかった損切りが、デモトレードだといとも簡単にできるのだ。当然だ。本当のお金じゃないから、胸のドキドキする興奮も、チクチクする痛みもない。どうやらこの感情のコントロールが勝敗を大きく左右するらしい。ってことは、リアルトレードで感情のコントロールさえできれば、同じように良い結果が出せるのではないか。そうに違いない。じゃあ、感情のブレを引き起こす原因は一体なんだろう。この原因をすべて排除することをこれからのテーマとして取り組んでみよう。

6月3日

『4億円脱税主婦逮捕』

FX業界に激震が走った。FXでの利益8億円の確定申告をしていなかった白金在住の主婦が脱税容疑で逮捕されたのだ。

FXってそんなに儲かるの？　FXってなんだ？　と、ますます世間で騒がれているというのは知っている。海外では、FXで大金を稼ぐ日本人主婦の個人投資家が珍しいといって、着物トレーダーとか、ミセスワタナベって言われているらしい。投資の世界では、勝っていますと言いながら実際はそうじゃないという偽トレーダーも多いみたいだけれど、4億円脱税したっていうんだから、この白金マダムは間違いなく本物なのだ。

7月31日

7月の成績、プラス78，000円。

勝ったり負けたりを繰り返し、連敗する日もあったけど、なんとかプラスで今月は終了。以前に比べると、金額はだいぶ少ないが、含み損を翌日に持ち越すことが一度もなくなったのが大きな前進。でも、損切りする時の胸のチクチクは、感じるなと言われてもやっぱり感じるものだ。

勝率100%、負けなし、でも結局最終的に大きな損切り、という典型的な大失敗をしてから学んだこと。それは、大きな損切り、つまり致命傷を負う前に、小さな損切りを徹底し、リセットするほうが効率的だということ。

がんも早期発見で切り取れば、命を失うまでには至らない。会社経営でも、業績の悪い部署は早期撤退することで、倒産を免れる。それと一緒。損切りは必要経費なのだ、と自分の頭に叩き込みながら、その苦行をやり遂げる。

私はどうやら今までトレードをなめていたみたい。トレードで結果を出すって、これほどまでに精神的に苦しいものだったなんて。この痛みは、なんとなく失恋の痛みにも似ている。女子の特権は、気持ちの切り替えが早いこと、そしてそれを引きずらないことだ。損切りの痛みは10分で切り替える訓練をしよう。

8月20日

連日の酷暑の中、活動的に外出する気にもなれない。ベランダから外を眺めながら、通勤ラッシュの電車に乗るため、駅に向かうサラリーマン達に同情の気持ちを寄せる。日中は、去年買ったクーラーにかじりつきながら、家の中に引きこもる毎日が続いている。寝ている時間以外はネットサーフィンをするか、トレードするだけの毎日。出会いによる刺激もなければ、人間関係で頭を悩ませる必要もない。唯一の刺激といえば、トレードで勝った時に味わう喜びくらい。

〈久しぶり元気？　今何してるの？〉
メールの着信音が鳴った。新卒で勤めた会社の元同僚、ミキだ。
〈久しぶり！　家でPCいじってるだけだけど。ミキは元気？〉
〈元気だよ。暇なら遊びに行ってもいい？〉
〈いいよ。家で暇してるから今から遊びにおいでよ〉
〈うん。じゃあ、今仕事が終わったから、1時間後に行くわ〉

1時間後、インターホンが鳴り、ミキを玄関まで出迎える。「久しぶり」と言いながら、ミキは高いピンヒールの靴を脱いで部屋に上がる。2年ぶりに会う彼女の、手入れの行き届いたツヤツヤな巻き髪に思わず目が吸い寄せられる。シミひとつない陶器のような肌、白いパンツに黒いジャケットをビシッと着こなす姿。ローズ石鹸《せっけん》のような香水の香りが部屋いっぱいに広がった。

そういえば私、最後にヘアサロンに行ったのっていつだろう。記憶にないくらい伸ばしっぱなしにした髪の毛を無造作に結いあげ、おでこを全開にした自分のすっぴん顔が、リビングに置いてあった鏡に映し出された。もっとも、自宅にいながらメイクする必要もないのだが、それでも、せめて、ジャージではなくて、小綺麗なサマーニットくらいに着替えておけばよかったと後悔する。

ミキに会うまでの1週間、奈美子とコンビニの店員以外、誰とも口をきいていない。トレードに夢中になり、一般社会から完全に切り離されてしまったせいで、人の目というものをいつの間にか意識しなくなっていた。自分とはまるで対照的な、ミキの華やかなOL姿とのギャップに愕然《がくぜん》とした。

「サラ、最近どう？　仕事順調？」

ミキは、買ってきた缶酎ハイをグラスに注ぎながら話を切り出す。

「実はね。去年仕事を辞めて、今、家でFXやってるんだ」

そう言いながら、私はオフにしていたPCの電源を入れる。

「へ〜。何それ？　家でできるんだ。スゴイじゃん」

「まあ、株みたいなもんだよ。こうやってトレードすんの」

PCをミキのほうに向けながら、チャートを起動させる。

「あーそういうグラフみたいなの、テレビで見たことある〜。面白そう。私もやりたい！　教えて！」

軽いノリで言ってきた。

「いいよ。で、ミキは今何して働いているんだっけ？」

「今ね、普通のＯＬだよ。契約社員だけど。毎日往復２時間の通勤時間はさすがにキツイわ」

そう言って、ケラケラと屈託のない笑顔を見せた。

「私も一人暮らししたいんだけどさ。なんせ契約社員の給料じゃ、とても一人暮らしなんてできないのよ。生活費に回すお金があったら、ネイルやエステに行くってこの」

ミキは昔から男女問わずとにかくモテる。いつもあっけらかんとしていて裏表がなく、人に嫌な印象を与えない。楽しみといえば陰口や噂《うわさ》話しかないという女だらけの職場でも、彼女は決してその輪に入ろうとはしなかった。美意識も高く、雑誌からそのまま出てきたような完璧なファッションに身を包み、ピンヒールを履きこなす。そんな彼女に、私は密《ひそ》かな憧《あこが》れを抱いていた。

「ミキは今彼氏いるの？　私、去年別れてからずっといないんだよね。出会いもないし」

「一応いるんだけどね。あまり会えないしなあ。ボートレーサーなの」

「さすがミキだね。玉の輿《こし》か」

「収入は聞いたことないけどまあまあいいらしいよね。羽振りもいいし。でも、レースの開催中は、連絡も取れないし、電話もできないんだよね。休みも合わないし。結婚相手としてはどうなんだろうって。やっぱりそろそろ結婚も考えるでしょ。こんな生活いつまでも続けられるわけじゃないし。だとしたらやっぱり一人暮らしもしといたほうがいいでしょ。周りの友達でさ、昼間は普通にOLして、夜はお水のバイトしてる子、割と多いんだよ。私もやろうかなと思っていたところなんだよね」

「わかるわかる。都内に一人暮らししたら給料ほとんど持っていかれて貯金なんてできないもんね。だったらさ、お水やるよりトレードしたほうが効率いいかもしれないよ。貯金あるの？」

「まあ、実家暮らしだからそれなりにね。どれくらいあればできるの？」

「私は取りあえず30万円から始めたよ」

「え？　そんなんでいいの？」

「うん。もちろん最初はお小遣い程度だよ。ひと月で数千円から1、2万円の利益が出たらいいほうかも」

「1万円でも2万円でも助かるわぁ。ちょっと真剣にやってみたい！」

8月31日

8月の成績、プラス240，000円。先月より、だいぶ安定したトレードができるようになってきた。

「トレードって案外暇だね」

見よう見まねでトレードをするようになったミキが言った。リビングにある狭いローテーブルの上にPCを広げ、二人で向かい合って座りながらチャートを監視している。

ミキは、午後5時に仕事が終わる毎週水曜日、その足で私の家を訪れ、一緒にトレードをするようになった。

午後3時で市場が終わる株と違って、FXは土日以外24時間マーケットが開いているため、夜仕事が終わった時間帯からでもトレードができるというメリットがある。ミキがPCを開いてチャートを見始める午後7時頃は、ヨーロッパでは、ちょうどお昼の12時。市場がお昼休憩に入る頃だ。日にもよるが、たいてい動きも一服し、NYの市場が開くまで、穏やかな動きに入る時間帯。

「トレードって一言でいってもさ、色々やり方があるんだよ。1日100回とかやるトレードはスキャルピングっていうの。それより少なくて、1日3～10回程度とか、数時間スパンでトレードするような短期売買はデイトレード。数日間保有しっぱなしっていう中期～長期スパンはスイングトレードっていうんだよ。私の場合、昔はゲーム感覚でスキャルピングもやっていたんだけどね。ほんの一瞬で、買い、売りって繰り返すやつ。トレーダーっていうと、そういうイメージ持っている人も多いでしょ。でも、実際やると、効率悪いし、疲れちゃうし、中毒みたいにトレードしても結局負けるっていうパターンが多かったから、今はデイトレードをメインでやってる。1日5～10回くらい。際限なくトレードしたから勝てるってもんじゃないしね」

「そうなんだ。でも、こんなに動いているんだったら、こまめに買っててすぐ利食っちゃえば、チリも積もって稼げるんじゃない？　なんだかもったいないな」

「『休むも相場』っていう格言知ってる？　上昇している時って、チャンスだ！　と思って買いたくなるでしょ。でも、そういう時って、天井っていって、上昇トレンドのピークだったり、高値掴《づか》みっていって、上昇相場の最も高い値付近で買ってしまうことが多いの。だから、上昇している最中は、じっと待つ。そしてちょっと待って下がってきた時に、押し目を買うの。そういう待っている時間っていうのもトレードのうちなんだよ、っていうことよ」

「なるほどね。こうやって見ているとさ、トレードしたくなるっていう欲求を抑えてじっと待っているほうが案外難しいかもしれないね。そこが勝負の分かれ目になるのかな。ひょっとして」

「ミキ、なかなか鋭いね。勝つか負けるかの違い。知識とかはもちろん必要だけど、それ以上に大事なのがそこなのよ。欲求を抑える。セルフコントロールってやつ？　そこがポイントなんだよね。勝ち逃げするのが一番難しいんだよ。みんな勝っていても、結局負けるまでやっちゃうの。連敗すると熱くなっちゃうからね。ま、今わかんなくてもやっていくうちにわかるようになるよ」

なんて偉そうに言ったものの、自分が完璧にできているか、って言ったら、正直、まだまだできていないことも多かった。つい数ヶ月前には、大失敗したばっかりだし。

言うは易く行うは難し、とはまさにこのこと。

今日は、全然勝ててないな。よし、エントリーしちゃえ。なんの根拠もなしにこういった適当トレードをして、失敗することもまだたまにあった。人には待て、慎重に、冷静にと言っているくせに。人間ってとっても弱い生き物だな。

10月1日

『4億円脱税主婦がセミナーを開催』

嬉しい。この間ニュースになった主婦がセミナーをやるんだって。私の願いが通じたみたい。これは行くしかない！　早速参加の申し込みをした。

10月7日

初秋の柔らかな日差しの中、西新宿のビル群の中にある会場まで足を運んだ。初めてのセミナー参加。ただ話を聞くだけだってわかっているのに、まるで自分がスピーチするかのような緊張感が体中を駆け巡る。

大学の講堂を思わせる大きな会場に大勢の参加者が詰めかけていた。300人くらいいるだろうか。参加者のほとんどが男性。しかも40代〜60代が圧倒的に多い。一見地味で飾り気のない格好なのだけれど、よく見ると仕立ての良いジャケットを着ていたり、身につけている時計が高級そうだったりするリタイアご老人たちが目につく。

私の左隣には、暗い会場なのにサングラスをかけ、高そうなブランドのデニムをはいた派手シャツの男が座っている。若そうに見えるが、日焼けした肌の質感が40代に見える。ヒルズ住まいのＩＴ社長ってところだろうか。

存在感たっぷりの甘い香水の匂いに鼻がヒクつき、ふと右隣に目をやる。席を３つ空けた先に座っていた女性から発せられた匂いだった。幾何学模様のラップドレスを身にまとい、黒髪を綺麗に巻いた彼女は、悠々自適なセレブママ風の派手なオーラを放っている。３秒ほど凝視した後、ふと我に返って正面に視線を戻す。

株やＦＸに関心のある人って、きっと経済的に余裕がある人達なんだ。謳《うた》い文句にまんまと踊らされ、正真正銘なけなしの少額から始めている庶民って、ひょっとしてこの会場の中で私だけなのだろうか。

ＦＸ友達でも見つけられるかと期待して参加したのだけれど、完全にあてが外れた。会場の隅から隅まで見渡しても、同じ匂いのする人種が一人として見当たらないのだ。２年前、社員割引で買ってはき倒したジーンズとスニーカーに、去年セールで買った安っぽいＴシャツ姿の自分が、なんだかとても貧乏臭く思えて、ちょっとだけみじめな気分になった。

いよいよメインスピーカーが壇上に立った。現れたご婦人は、高級そうな和服を上品に着こなしていた。〝脱税主婦〟というキャッチフレーズから、40代くらいの女性を想像していたけれど、もう二回りくらい上に見えた。え？　本当にあの人が８億円も稼いだ本物の白金マダムなの？　と目を疑った。

「まず先に、言っておきたいことがございます。私は、4億円脱税ということで国税局から告発を受けましたが、追徴課税も含め、一括で納税を済ませております」

初っ端から衝撃的な発言で、聴衆の注目を集める。

「さて。私がFXを始めたのは2000年からですが、その何年も前から商品取引を行ってきました。うまくいかなかったのが悔しくて、ある方に弟子入りし、チャートの見方、分析からすべて勉強させていただきました。2001年、アメリカで起こった9・11同時多発テロ事件の時も相場を見ていました。それまで119~125円台で動いていた米ドル円が事件後に115円台まで暴落したのです。115円で買いたいのですがとFX会社に電話を入れたところ、担当者は、『いや、ここは様子見した方がいいですよ』と注文を断ってきたのです。相当額取引がありましたので、わざわざ専務さんまで出てきて、私を説得しようとしたんです。私は頭にきて、じゃあ、よその会社で買いますよ、と全額出金し、別の会社に資金を移して、米ドル円を買いました。その後はずっと持ち続け、結局年末には130円台まで上がりました。最後に勝つのは、自分の信念を貫ける人だと私は信じています」

自分の信念を貫く。その言葉が私の心を摑んだ。ずしっと重く響く言葉だった。

ここからは上がりますよ。いや、下がりますよ。ともっともらしい根拠を添えながら語るアナリスト達の予想に、大抵の人達は振り回され、迷いが生じるもの。最後に信じられるのは自分の判断力のみ。そして、その判断能力を養うためには、相当の努力が必要だと痛感させられた。

2人目のゲストスピーカーは有名アナリスト。今後の相場の展望について話していたが、白金マダムのインパクトが強過ぎて、話す内容が全く頭に入らない。一刻も早くこんな場違いな会場から立ち去りたい。でも腰が重い。

セミナーが終わっても、席を立つ気力もなく、ぼーっとしながら下を向く。すると、右隣の椅子の陰にきらっと光る物を発見して拾った。文字盤の周りにダイアモンドが敷き詰められた、フランク・ミュラーの時計。真剣な眼差《まなざ》しでメモを取っていた、あの派手なセレブママの持ち物だろうか。

忘れ物に気づいてすぐ戻ってくるだろうか。面倒なもん拾ったなと頭を悩ませていたところに、例のセレブママが慌てて会場に戻ってくるのが見えた。

「あーそれ、拾ってくださったの？　私のなんですけど」

腕時計を指す。

「戻ってこられてよかったです。スタッフに届けようとしていたところでした」

「本当に助かりました。この時計、すごく大事なものなんです。見つからなかったらどうしようかと思って困ってて。本当によかった。ありがとうございます」

外見の印象通り、艶《あで》やかで色気のある話し方で、何度もありがとうと頭を下げながら、安堵《あんど》の笑みを見せた。

それから、ＦＸを始めてどれくらい経つのか、今日のセミナーはどうだったのか、数分間立ち話をした。どうやら彼女は、私より1年ほど前にFXを始めたらしい。

「私、何回かこういうセミナーに参加しているんだけど、アナリストの予想なんて当てにしないほうがいいわよ」

セミナーの話になった途端、人が変わったかのように力強い口調でまくし立てた。

「自分の予想に合うチャートの断片を切り取って、都合のいい解説をつけているだけなんですもん。年末にかけて米ドルは上がるだろうって言ってたでしょ。5年分のチャートを見たら、確かにこれから上がりそうだとは思うけど、10年分のチャートを見たら、きっとアレ？って思うわよ。おそらく、彼は米ドル円を買っているんでしょうね。願望を話しているだけなんだわ。ああいうのを真に受けてみんな買っちゃうの。途中どれだけ下がっても、予想を100％信じ切って持ち続けたら悲劇だわ」

アナリストの話なんて上の空だった私でも、彼女の言う最後の予想だけはしっかり頭に残っていた。なるほど。そういうからくりがあるんだなと感心して、そのセレブママの一方的な弾丸トークに耳を傾けていた。こちらが言葉を発する隙さえ与えない。

「あら、もうここを出なきゃならないみたいね。私、FXをやっている人たちの交流会を定期的に主催しているんだけど、よろしかったら参加してみない？　ええと、お名前は？」

ここでようやくお互いの名前を伝え合った。

「サラさんね。私は青木玲子。玲子ママって呼ばれているの」

もしかして主婦の集まりか？　一瞬迷ったけれど、玲子ママのことがもっと知りたいという好奇心のほうが勝った。

「はい。是非参加させていただきます」

「まあ嬉しい。じゃあ、是非またお会いしましょうね」

連絡先を交換し、会場を後にした。

高層ビルがすっかり夕焼け色に染まっている。思わぬ落とし物から始まった玲子ママとの出会い。ブランド品を身にまとった、甘い香水の香りがするセレブ風の大人の女性。次に会える日がとても待ち遠しい。ニヤつく顔を必死に戻しながら、早歩きで家路を急いだ。

10月14日

わざわざデパ地下で買ったマカロンを手土産に、玲子ママの自宅に向かう。目黒の閑静な高級住宅街にある一軒家。

あの白金マダムのセミナーの翌々日、玲子ママが主催するオフ会に参加した。

今日で、玲子ママと会うのは3回目。初めて彼女の自宅に招かれ、トレードを教えてもらうことになっている。どうやら、今日招かれたのは私だけらしく、二人っきりで会うことに少々緊張しながら、チャイムを鳴らす。

白に統一された開放感のあるリビングルームに通される。趣味で集めているという金縁のティーセットをテーブルに運び、ハーブティーを注ぎながら玲子ママが語り始めた。

「私、実はバツ2なの。1回目は学生結婚で、半年も続かなかったわ。再婚するまでは普通に会社勤めしていたんだけど、子供ができてからは主婦にずっと専念していたのね。2番目の夫はものすごい金持ちで、何不自由ない暮らしができていたんだけど、浮気癖にうんざりしちゃって。それで別れてから今の夫と知り合ったの。割と玉の輿に乗ったつもりだったんだけど、2年くらい前から彼の会社が経営難で苦しくなっちゃって、正直家計も火の車だったの。夫の事業の失敗の穴埋めのために、それまで持っていた外車も別荘も売って、ジュエリーも時計も全部質屋に入れた。車は国産の中古車に乗り換えてね。でも、フランク・ミュラーの時計だけはどうしても取り戻したかった。あ、ほら。あのサラさんに拾ってもらった時計よ。それで夫の代わりに私がFXを始めたの。金融関係のつてもなくて、すべて独学よ。最初はなけなしの2000万円で始めたんだけど、たった3ヶ月で10分の1の200万円にまで減ってしまったの。ビギナーズラックなんて本当に存在するのかしらって感じであっという間に吹き飛んじゃったのね。でも、そこで諦《あきら》めるっていう選択肢は残念ながら、私にはなかったのよ。毎年家族でハワイには必ず行ったりしてたんだけどね。あ。言い忘れていたけど、私、子供が3人いるの。子供達に、今年は、どこにも旅行に行かないの？　って聞かれるとね。罪悪感でいっぱいだったわ。FXで負けたせいで、子供達に500円のおもちゃも買ってあげられないくらい苦しかったから、それで子供達も悟ったのね。もうおねだりもしなくなった。貯金をFXで減らしてしまったことは、夫に正直に打ち明けたわ。夫は、怒鳴ることさえしなかった。たった一言だけ。すまない、って」

なぜ、玲子ママは出会って間もない私に、こんな個人的な話を赤裸々に語るのだろうと不思議でしょうがなかった。疑問に思いながらも、彼女の言葉に黙って耳を傾ける。

「私のほうが謝りたいのに、先に謝られちゃったから、もうどうしようって感じだったわ。不思議よね、夫婦って。裕福な時には失われつつあった絆《きずな》が、一文無しになりかけて初めて感じ合えるようになるなんて。それでね。負けたままでは終わりたくないって心から思ったの。やるしかないって。それにほら。私、バブル経験者だし、贅沢は嫌いじゃないわけ。お金がない生活なんて考えられないわ。車だって、半年に一度は買い換えたいし、バーキンだって欲しい。FXに情熱を注ぐ理由ならいくらでもあったわ。1億稼いだら何買おう、って毎日考えながらチャートとにらめっこするの。地味な検証作業も、びっくりするほど全然苦じゃなかった。モチベーションって本当に大事よ。そうやって死に物狂いで3ヶ月間勉強してから、またトレードを再開したの。そして、半年かかって、負けた分の1800万円を取り戻した。その後は、複利運用でどんどん取引量を増やしていったから、利益も雪だるま式に増えていったわ。再来月には3億円を突破する予定よ」

話し終えると、玲子ママは、満足気な様子ですっかり冷め切ったハーブティーを飲み干し、立ち上がる。

「トレードルームに行きましょう。案内するわ」

案内されたのは、2階にあるデスクと椅子と本棚のみのシンプルな仕事部屋。L字型のデスク上には、縦に2列、合計6台の21・5インチモニターが、整然と並べられている。PCの電源を入れると、色鮮やかなチャート画面が全面に映し出された。まるで、暗闇にパーッと花が咲いたようなそのチャートと数字の羅列は圧巻だった。

「普段は、ご飯時以外、ほとんどこの部屋で仕事をしているの」

椅子に腰掛けながら玲子ママが言った。私も隣の椅子に座る。しばらくトレードの話で盛り上がった後、話題はお金の話へと移った。

「サラちゃんは、将来お金持ちになりたい？」

「ええと。まあ、お金を稼ぐためにFXをやっているんですけどね」

玲子ママにそう聞かれ、すぐに言葉が出なかった。正直、お金持ちになりたいかどうかなんて、考えたこともなかったのだ。そもそも、お金持ちとはどういうものなのか、想像もつかない。FXをやるからには稼ぎたい。稼ぎに見合った生活をしたいとは思う。でも、それよりも何よりも、私がFXを極めたい理由は、時間的、場所的な束縛のない、自由なライフスタイルを手に入れたいから。

いや、ちょっと待って。ちょっと違う。本当は、好きな人とごくごく平凡な結婚をし、専業主婦になる。そして自宅にいながらも、トレードと育児、家事を両立させ、家計を支えること。彼氏もいない私にとって、まだまだ遠い夢だけど、これが正直な理由だ。

もしかしたら、これは世代のギャップかもしれない。バブルを知っている世代の人達は、仕事にもお金にも遊びにも、そして恋愛にも貪欲だと聞く。世代の違う人達と今まで接する機会がなかったから、知らなかっただけなのかもしれない。

「お金持ちになりたかったら、お金持ちの人と一緒にいなきゃダメ。お金持ちがいる環境に自分も身を置くのよ。そうすれば、自分も自然にそのレベルに達するから。私がこれからサラちゃんに教えてあげる」

今まで、お金についてこんなに堂々と語ってくれる人がいただろうか。女同士では、彼氏とのセックスがどうとか、そういったことは何のためらいもなく話せる。でも、お給料や貯金額まで話をする相手はなかなかいない。親にだってそんな話はしないのに。普通の人間の感覚なら、それは入り込んではいけない領域だ。でも、こうやってお金について話すのって、不思議な解放感がある。年齢も、生活環境も違う玲子ママとの唯一の共通点だから、自然に受け止められるのか。それがトレーダー仲間というものなのか。

10月17日

午後3時。

「おはようサラちゃん。突然なんだけど、こないだ彼氏いないいって言ってたよね」

玲子ママからの電話で目が覚める。

「あーそうですね。今はいませんけど」

明け方4時まで相場を見ていた寝ぼけ脳みそで、かろうじて返事だけはする。

「よかったら紹介したい人がいるんだけど会ってみない？　彼、不動産会社の社長で、フェラーリとかポルシェとか車4台持っているのよ。年齢はねえ。私のちょっと下くらいだからちょうどいいわよねえ」

相変わらずこちらの反応そっちのけで、しゃべり続ける。

「じゃあ、今週土曜日、昼の1時に迎えに行かせるから楽しみにしておいて」

用件だけ伝えたかと思うと、また一方的に電話を切る。

携帯を握りしめたまましばらく起き上がることができない。

デート……最後にデートしたのは、去年のイタリア旅行の時。それ以来、男性と会話すらしていないことに愕然とした。焦ってクローゼットの中を確認する。ぱっと目につくのは、黒やモノトーンのトップスとデニムパンツのみ。デート服はおろか、お出かけ着なんてしばらく買っていない。今のトレンドってどんな感じなのだろうか。まずはコンビニに行ってファッション雑誌でも買おうか。寝起きのままのスウェットパンツとタンクトップの上に、グレーのパーカーを羽織る。寝癖隠しにニット帽を深めに被り、そのままコンビニに向かう。

10月21日

午後1時20分。20分の大遅刻。寝坊し、その上デート用に買ったばかりの花柄のチュニックに合うボトムスが見つからずパニックになっていたのだ。椅子に掛けてあった脱ぎっぱなしのスキニーデニムをはき、待ち合わせのコンビニの前に行くと、すでに1台の車が停まっていた。まさかこの車？

停まっている車に釘付けになる。フェラーリでもなくポルシェでもない。一際目立つ真っ黄色の日産のワゴン車だった。男が降りてきて、私に近づいてくる。

玲子ママに送ってもらった写メの印象とはずいぶん違う雰囲気で、少々驚く。身長は160センチぐらいだろうか。かなり小柄で華奢《きゃしゃ》な男。茶色いチェックのシャツにカーゴパンツ。そして腕にはキラリと光るロレックス。45歳と言っていたが、年齢よりも若く見える。若いというより、冴《さ》えない浪人生のような印象。

「初めましてサラさん。日吉と言います」

細いつり目と甲高い声で笑いかけてくる。

「初めまして。遅刻、本当にごめんなさい」

「全然大丈夫ですよ。僕は早く着いてしまったので」

そう言うと、助手席のドアを開けて、どうぞと私を中に誘導する。

「実はさっきデパートでプレゼントを買ってきたんです。初対面でどうかと思ったんですけど」

運転席に座るなり、日吉は、可愛く包装されたショッピングバッグを手渡してきた。早速ラッピングを開けてみると、それは世界の時間がわかる置き時計だった。

「サラさん、トレードをしていらっしゃるでしょう。これがあったら便利かと思って」

「うわあ。嬉しいです。有り難く頂戴します！」

遅刻したのにプレゼントだなんてと、恐縮しながらも精一杯の喜びを表現してみる。実用的な世界時計のプレゼント。花をもらうより、数倍嬉しい。

初対面で車中に二人っきりなんて、そう滅多にあるシチュエーションではない。会話が途切れないようにと気を遣っているのか、日吉は止めどなく私に質問をぶつけてくる。

「サラさんは、普段休みの日は何してるんですか？」

「ええと。家にいることが多いですね。ドラマや映画を観たり、ネットサーフィンしたり。インドアなんですよ」

「僕もですよ。映画大好きなんで。動物モノとかよく観ます。サラさんは最近何を観ました？」

「最近観たのは、『トリック劇場版』かな。私、阿部寛の大ファンなんですよ。彫りの深い顔と渋い声も好みですけど、ちょっと変わり者役の演技が最高に素敵で」

途中まで言いかけて、やめた。隣にいる、薄顔つり目、甲高い声の日吉とは真逆のタイプの男を好みだと言ってしまったのは、完全に失言だったとひどく後悔した。

「へ～サラさんは、阿部寛が好きなんですね。僕もかなり変わり者だとよく言われますよ。ははは」

私の失言と思われる言動を、好意的に受け止めてくれたようで、ちょっとホッとした。

高速に乗り、しばらくドライブした後、新江ノ島水族館に到着する。40過ぎの大の大人が、水族館をデート場所に選ぶというセンスもなかなか斬新だ。水族館なんて大人になってからは甥《おい》や姪《めい》を連れてしか来たことがない。

日吉は館内に入ると、他の魚には目もくれず、真っ先に中央の大きなガラス張りの水槽へと向かった。

「これこれ。これが見たかったんですよ。シノノメサカタザメ。コイツ、名前はサメなんですが、ほら、エラ穴が体の下にあるでしょ。だから、エイの一種なんですよ。この水族館で一番大きい魚類でね。面構えといい、泳ぎ方といい、ほんとダイナミックだなぁ。癒やされませんか？　一日中でも見ていられる。ついでにいうと、あの可愛い顔した大きいのがホシエイで、岩陰に隠れているのがツバクロエイ。岩と同化してるでしょ。何種類いるか知ってます？　530種類ですよ。いや、ほんとに素晴らしいな」

日吉は、無邪気に目を輝かせながら、一心不乱にエイについて語り出した。一瞬気が遠くなった。解説が全く頭に入ってこない。車中、自分のことを変わり者だと言っていた理由がなんとなく理解できた。

「可愛いですよね。私も好きです。魚」

苦笑いをしながら答えた。

水族館の中で軽い食事をした後、再び車で移動する。日が徐々に傾き始め、潮風も強くなってきた。

「海っぽいBGMに変えてもいいですか。僕、洋楽が好きなんです」

そう言うと、助手席のダッシュボードからCDを取り出し、曲をかける。ユーロビートのコンピレーション・アルバムだった。私が小学生か中学生の頃に、かろうじて聞いたことのあるような曲。私にはよくわからないが、日吉にとっては海っぽい曲らしい。微妙にずれた音程で鼻歌を口ずさみながら、ご機嫌に海沿いのドライブを続ける。

鼻歌が私の右耳をかすめる中、再び車のことが気にかかる。NYのタクシーみたいなドギツイ黄色。中に乗っていれば違和感はないのだけれど、赤信号で止まる度に他車からの視線を感じる。4台持っているという車の中からなぜ初デートにこの車を選んだのか。車を修理に出していて、代車で来たとか？　黄色がラッキーカラーなのかとか、あれこれ推理が止まらない。

程なくして、断崖絶壁《だんがいぜっぺき》の上に建つ「アマルフィ デラセーラ」というイタリアンレストランに到着。車を降り、急な階段を上っていく。日吉は、徐々に息が上がっていく私を気遣い、そっと腰の辺りを手で支えながら歩幅を合わせて歩く。自分の趣味嗜好《しこう》は我が道を貫く感じだけれど、歩幅だけはちゃんと合わせられる人のようだ。100段程上り切ったところで、ようやく店に辿《たど》り着いた。

異国情緒漂うお洒落《しゃれ》なイタリアンレストラン。湘南の風が吹き抜ける、赤いパラソルのテラス席に案内される。席に着いたちょうどその瞬間、夕日が江の島に沈んでいく絶好のタイミングに遭遇することができた。真っ赤に染まる大パノラマの海をながめながらの食事に自然と会話も弾む。潮の香りが清々しい。

「雰囲気の良い素敵なお店ですね」

「素敵でしょ？　実は僕、初めて来たんですよ。3日前に、ネットで調べて見つけたんです。口コミが200件以上もあったし、お気に入りのレビュアーさんがべた褒めしていたもんだから、間違いないかなと思って。よかった。気に入ってくれて」

そう誇らしげに言うと、日吉ははにかみながら微笑んだ。ネットで調べて見つけたお店だなんて、正直に言い過ぎじゃないか。そう考えたら、ちょっと可笑《おか》しくなった。年齢にそぐわない、彼のこなれていない感じが、なぜか次第に愛くるしく思えてくる。

「日吉さんは、トレードをやっている女の人ってどう思います？　玲子ママの他にも周りでたくさんいらっしゃるんでしょう？」

「いますけど、サラさんみたいに若い女性は少ないですよ。玲子ママは別ですけど。不動産投資なら、顧客で女性の方はいますけど、年配の女性ばかりですよ。株式投資でも、買ったら持ちっぱなしみたいな投資家しか知らないなあ。すごく新鮮で素敵だと思います。サラさん、小さくて可愛らしい方なのに、専業トレーダーをやられているっていうそのギャップもまたいいですね。僕もデイトレードはたまにしますが、ヘタクソでね。どうも僕には向かないようです。教えてもらいたいくらいです」

思いもかけない褒め言葉に、一瞬ドキッとする。

「専業トレーダーだなんてそんな大げさなものじゃないですよ。たまたまトレードしかしていないっていうだけなので。去年始めたばっかりだし、まだ失敗もよくしますし。でも、ちょっと嬉しいです。知り合う男の人に、トレーダーだって言っても理解してくれる人って少なくて。引かれたりすることも多いんですよね」

「素晴らしい仕事じゃないですか。トレードは、もしかしたら女性のほうが向いているかもしれない。男みたいに、無茶なリスク取らないでしょ。堅実に利益を出せる気がする」

すっかり日も暮れ、辺りは賑やかな晩餐《ばんさん》を楽しむ客の声で賑わう。一方で、遠くでは、静かな波に揺れながら、穏やかな空気が流れている。

「日吉さん、今日ね。実はどうしても気になったことがあって」

私は、唐突に話題を切り替えた。

「え？　なんですか？」

「気分悪くされたらどうしようと思って、聞こうかどうか迷っていたことなんですけど」

「なんだろう。気になるから言ってみて。気分悪くなんてならないから」

日吉は、疑心暗鬼な目で私を見つめる。会話をしていく中で、私は思った。この人なら不躾《ぶしつけ》な質問に対しても、快く答えてくれるかもしれないと。

「絶対ですよ。ええとですね。日吉さん、車、４台持っていらっしゃるって聞いたんですけど、どうして今日は黄色の車だったのかなと思って」

「はは。やっぱり、デートには似合わないですよね」

照れ笑いをしながら答える日吉の表情にほっとする。

「他の車は古くてね。長距離乗るのにはキツイんですよ。いじるのが趣味で置いているんですけど、廃車にしたり、売ったりするのもかわいそうで。この車が一番実用的だったから今日乗ってきたんですよ」

「そういうことなんですね。もしかして、他の車も黄色なんですか？」

「他のは普通ですよ。この色はね。別に僕の趣味じゃないんです。話すと長くなるんですけど」

日吉は食後のコーヒーを口に運びながら、黄色い車について話を続ける。

「実は、昼の会社とは別に、夜はバーを経営しているんです。週1でバーテンもやっているんですけど、毎週末に遊びに来てくれる常連客がいて。彼は車の営業マンでね。ノルマがキツイと愚痴ってきたんですよ。よく客も連れてきてくれるし、お世話になっているんで、カーナビくらいだったら買ってもいいかなと思って、彼の勧める販売店に顔を出したんです。彼が嬉しそうに車のパンフレットの説明を始めるわけですよ。いや、カーナビを見に来たんだけどなんて言える雰囲気じゃなくなってね。しょうがなく営業車用に1台買うことにしたんです。車種も勧められるがままで、色もどうせなら一番売れていない色にしてくださいって言ったんですよね。納車の時に初めて知ったんですよ。最初は戸惑ったんですけど、ま、乗れればいっか、って」

日吉は、細い目をさらに細めながら笑った。

彼の答えは、全く予想外だった。気に入ってもいない車を義理で衝動買いするなんて。ただのお人好しなのか、金持ちの道楽なのか。やっぱりちょっと変わった人だな。見た目は決して好みじゃない。でも、人柄は良さそうだし、律儀だし。今まで好きになるタイプと真逆。こんな人なら、次こそは幸せになれるかもしれない。


家に着くと、時刻はすでに10時を回っていた。湯船に浸《つ》かりながら今日のデートを回想し、思わず顔の筋肉が緩んだ。

10月22日

今朝の成績、プラス38，000円。

気分が乗っている時は、何をやってもうまくいく。読みもバンバン当たる。いつも通りのルールで同じことをやっているはずなのに。昨日のデートの余韻で、にやけ顔が止まらない。

〈デート。どうだった？〉

早速玲子ママからのメール。

〈デート楽しかったですよ。彼がどう思っているかはわかりませんが〉

〈そうなのね。二人共大人なんだから、その後の展開はお任せするわね〉

そう言ったきり、深くは追及されなかった。

10月31日

日吉とデートをしてから10日間、〈元気?〉とか、〈今何やってるんですか?〉とか、他愛もない会話をメールでやりとりする。でも、次のアポイントを取るそぶりが全くない。忙しいのだろうか。こっちから会いたいと率直に言うべきか。でも、彼の真意が摑めないまま誘う勇気も出ない。それとも、暇だということをにおわせて、誘いやすいように誘導すべきなのだろうか。男女の駆け引きって難しい。恋愛ってどうやって始めるんだったっけ。

11月17日

昨日の成績、マイナス20,000円。

2日連続のマイナス。午前中は調子良かったのに、その後の連敗で一気にマイナスが膨らんでしまった。2連敗すると、どうも頭に血が上ってしまって、余計傷口を広げてしまう。大いに反省。

11月18日

昨日の成績、マイナス8，000円。

ダメだ。全然ダメ。マイナスを取り戻そうとして余計なトレードをしてしまった。大きい失敗をした後はクールダウンが必要だ。日吉との関係が一向に進展しないことで、気分がムシャクシャしている。そんな気持ちを抱えながらトレードすると、感情に流されちゃってルールどころではない。今週はもうトレードをやめて、気分転換しなきゃ。

マイルールに追加

●3日連続負けたらその週はトレード自粛

●プライベートの問題をトレードに持ち込まない

●生理中はトレードしない

●お酒を飲んでいる時はトレードしない。酔トレ厳禁

トレードには、心の平静が不可欠。心が揺らぐ時、ヒステリックになる時、集中できない時はどんなにトレードしてもドツボにハマるだけ。お金をドブに捨てるだけだ。

12月1日

全く、男という生き物はわけがわからない。〈来週ご飯にでもいきませんか〉だって。初めてのデート以来、1ヶ月間、メールはたまにしていたにせよ、それ以上進展する気配も見せなかったのに、いきなりご飯って。間隔が開き過ぎて彼の顔がはっきりと思い浮かばない。

〈ねえねえ。六本木で知り合いがバーやってるんだけど今夜暇なら一緒に行かない？〉
ミキからメール。
〈ミキ、バーなんて行くんだ。どんなとこ？〉
〈会員制のバーで「溜まり場」っていうんだけど、芸能人も来るらしいよ〉
〈へ〜。行ってみたい。9時なら行ける〉
ミキはどうしていつもこんなにタイミングがいいんだろう。

夜9時に六本木交差点の喫茶店アマンドで待ち合わせた。芋洗坂《いもあらい》を下りた左手の雑居ビルの前で、「ここの3階」とミキが指さす。エスカレーターを上がって、入り口まで行くと、看板もなく、「会員制」と書かれた小さな札が掲げてあるだけで、中の様子はうかがえない。扉を開けて中に入ると、カウンター席と、10人程が入れそうな赤いソファのカラオケ用個室があるだけの、まさに隠れ家といった大人の空間だった。

「お。ミキちゃん来たね。元気？」

「元気ですよ。オーナー、ご無沙汰《ぶさた》してます！　こちら友達のサラです」

オーナーと呼ばれてるその人は、マッチョで黒々と日焼けした大男。キラキラ光るスワロフスキーがちりばめられた十字架柄のロゴTシャツに視線が吸い寄せられる。目尻をめいっぱい垂れ下げた笑顔で私達を出迎えてくれた。

「サラちゃん初めまして。ゆっくりしていってね。何飲む？」

ミキは慣れた様子でカウンターの隅に腰掛けた。私も隣に座り、ミキと同じ赤ワインをオーダーした。

「オーナーも一緒に乾杯しましょうよ」

「ご馳走《ちそう》様です。乾杯」

3人で乾杯する。

「ミキ、聞いてくれる？　仲良くしてもらってる玲子ママって知ってるでしょ。ママの紹介で、不動産会社の社長とデートしたんだけどさ」

ワインで喉の渇きを潤しながら、私は、日吉とのデート、メール、食事の誘いの一部始終を報告した。

「お金は持っていそうな感じだけど、なんか煮え切らない人だね。大体、次のアポイントまで間が開き過ぎて、テンション下がるわ。オーナーはどう思う？」

「基本的にさ、稼げる男って忙しいじゃん。そういう男を振り向かせたいんだったらちゃんと戦略練ったほうがいいよ。でもなんでその人、会おうとしなかったんだろうね。俺だったら、気に入ったらどんなに忙しくても時間作って会おうとするけど。家庭持ちか、別に女がいたりしてね。あ、ごめん」

確かに、その可能性もあるなと思った。いずれにせよ、私は日吉のことを、何も知らなさ過ぎだ。知らない男のことをあれこれ想像だけで判断しようとしても無理がある。

酒の強いミキは、気分が良くなったのか、ワインのボトルを1時間で全部空けた。なぜか私と飲む時は安心して泥酔できるらしい。気づくと、ソファ席で気持ち良さそうに爆睡していた。結局、朝5時の閉店まで付き合う羽目になった。

12月4日

午後8時30分@溜まり場

今日は今のところノートレード。

毎月第1金曜日は、恒例のビッグイベントが待ち構えている。米国雇用統計発表が日本時間午後10時半に発表される日だ。この日は、通常の2倍以上のボラティリティ（価格変動率）になるため、お祭りイベントといってトレーダーにとっては絶好の稼ぐボーナスチャンスになる。年末最後の大勝負、といったところだ。

「オーナー、カフェオレお願い」

「今日は一人？」

「ううん。ミキと待ち合わせ。もう来る頃だけど」

と、時計に目をやると、ちょうどミキが「どうも〜」と威勢よく現れた。ミキは席につくなり、持参のＰＣをカウンターの上に広げる。

「取りあえず私もカフェオレで」

トレードをする時はノンアルコールで、とミキとも決めている。ミキのカフェオレがテーブルに置かれた時、ちょうど勝負の午後10時半がやってきた。

「うわあ。すごい値動き。これ、どっちに動くの？」

「まだよくわかんないよね。今突っ込んで、買うのはギャンブルみたいなもんだから、もうちょっと方向性がはっきりしてからでも良いと思うよ」

ミキと二人で、カウンターの端っこに座りながら、ＰＣでチャート観戦をする。無言のまま、カフェオレを片手にただひたすらチャートを観察していた。

「で？　どうだったの？　こないだのデートは」

「それがさあ」

そう言いかけた時、チャンスがやってきた。

「あ。いい感じに米ドル円が下がってきたね。11時過ぎたら売ってみよっか」

話の途中でトレードを再開させた。30分後、うまく利が乗って、プラス２０，０００円の利益。

「ほらね。焦って、激しく動いている時に突っ込まなくても、落ち着いてからでも十分取れるんだから。ミキもやった？」

「あ。うん。なんとか800円くらい取れたよ。やったね。ワイン1杯分稼いじゃった。オーナー、赤ワインお願いします。んで。さっきの話の続きは？」

「あ、そうそう。結論を言うと、日吉さんとはやっぱりダメでした。ダメっていうか、無理だと思った」

結論からまず報告した後、その日一日に起こった出来事をすべてミキに話した。

二度目のデート当日、午後5時。今度は、白のポルシェに乗って現れた。

「今日は黄色の車じゃないんですね」

「はは。こないだタクシーみたいって笑われたからね。今日は遠出もしないし」

あら？　日吉さん眼鏡してる。前回会った時とちょっと雰囲気が違う。初めて会ってから1ヶ月以上経過しているせいか、ワイルドに見えるレザージャケットのせいだろうか、その違和感の理由は初めのうちはよくわからなかった。

「玲子ママの会合に呼ばれているんだけど、食事の前にちょっと顔出してもいいですか」

車で帝国ホテルまで向かった。ラウンジで待つ玲子ママは、体の線がくっきりとわかる真っ赤なワンピース姿で、遠くからでもすぐ彼女と認識できる。

「あらサラちゃん。素敵なダウンジャケットね。ファーはフォックスかしら」

「いえ。安物のフェイクファーですよ。玲子ママこそ、いつも素敵なワンピース。赤がすごく映えますね。若々しくとてもお似合いですよ」

お決まりの、褒め合い儀式を一通り済ませた後、ダウンジャケットを脱ぐ。新調した清楚風な格子柄のワンピース。ホテルのラウンジでお茶するなんて予想外だったが、いつものカジュアル着を着てこなくて正解。日吉と向かい合った席に着く。

日吉の顔を真正面から見たその時、初めて気がついた。眼鏡のレンズに隠れてはいるのだけれど、間違いない。一重だった瞼《まぶた》が二重になっているのだ。どうやら彼は、最初にデートをしてから今日会うまでの間に、整形手術をしていたようだ。見てはいけないものを見てしまったという動揺を悟られてはまずい。そう思いながら、視線を合わせるのを必死に避けた。

私の隣に座った玲子ママが、

「二人共いい雰囲気ねえ」

と、私の袖をひっぱりながら、悠長に冷やかしてきた。そしてふと、日吉を見つめながら、脳天気そうに一言を発した。

「あら。日吉さん、目が真っ赤だけど、アレルギーか何か？」

玲子ママの言葉に、私はコーヒーを吹き出しそうになる。

「ええ。まあ」

日吉はにやっとしながらコーヒーに手を伸ばす。どうやら気まずい空気を感じたのは、私だけだったようだ。

これで1ヶ月間会おうとしなかった理由がはっきりした。整形手術をしたせいで、会えなかったのだ。もっとも、今も手術痕《あと》は完治していないようだけれど。でも、彼は一体どうして整形したのだろう。（あっそうだ）と一瞬叫びそうになった。思い出した。私が、先日のデートの時、彫りの深い男が好みだと言った失言……。あれじゃないか？　だから、一重まぶたを二重に整形したの!?　直感でそう確信すると同時に顔が熱くなった。会合の内容はすっかりそっちのけで、私の頭は、完全に日吉の整形問題で支配されていた。

お茶を終えた後、日吉の運転するポルシェに乗り、30分程かけてレストランに到着した。車中でした会話はほとんど記憶になかった。

「ひい。笑えるんですけど。それはなんとも際どい状況だね。二度目に会った男の顔が整形で変わってたなんてさ。そう滅多にあるもんじゃないよ」

ミキは涙を浮かべて笑い転げた。

「それで？　ご飯食べて終わり？　もう、顔面見られなくなって直帰しちゃった？」

「とんでもない」

そう言いながら、話を続ける。

午後8時。整形で赤く腫れ上がった目をした顔にも徐々に慣れ、食事と会話を楽しむ。風貌《ふうぼう》はともかく、律儀で誠実そうな話し方は、前回会った時の印象そのままだった。食事が終わる

と、日吉は、

「家に来ませんか？　帰り送っていきますよ。先週引っ越したばっかりで荷物の整理もできていないんですけど」

と誘ってきた。1ヶ月以上ご飯に行くこともなかったのに、いきなり自宅に誘うなんて、やっぱりよくわからない人だと思いつつ、どんな自宅に住んでいるんだろうという好奇心と、今年のクリスマスこそ彼氏を作り、一緒に過ごしたいという焦りが、迷う気持ちを一瞬で打ち消した。


午後11時。行ってみると、その自宅こそ期待を裏切らなかった。コンシェルジュのいるタワーマンション。ロビーには噴水があり、大きなクリスマスツリーが飾られていた。42階の部屋に案内される。20畳程のリビングルームの大きな窓には、眩《まばゆ》いばかりの夜景と東京タワーが、まるで絵画のように美しく映し出されていた。

「ここの眺望が気に入って、引っ越したんですよ」

冷蔵庫から冷やしたシャンパンを取り出し、乾杯する。

「夜景なんて、毎日見ていたら物珍しくもなんともなくなる、どうでもいい、って言う人もいますけど、僕は美しいものは毎日観ても飽きないと思うんです。生活感のある家もダメなんですよ。空間が人を作ると思ってるんで、テーブルの上にも一切ものを置きたくないんですね。掃除は忙しくてできないんで、ハウスキーパーを頼んでいるんですけど」

日吉の言葉通り、確かにこの家は、完璧といっていいほど綺麗に片付いていた。

初デートの時の冴えない浪人生のような服装を見て、こんなセンスのいい部屋に住む男だと誰が想像できるだろうか。そのギャップもまた、日吉の魅力だと思った。

酔いに身を委ねながら、しばらくの間、無言のキスを交わす。BGMで流れる懐かしのユーロビートもまた、不思議と心地よい演出へと変わる。非日常的な空間とシチュエーションのせいもあってか、一気に高揚感が押し寄せてくるのを感じた。


翌朝午前10時。ベッドルームの大きな窓から差し込む陽の光で目が覚める。横で眠っている日吉を起こさぬよう、そっとベッドから抜け出し、バスルームに向かう。

久々に味わうロマンチックな気分に心躍らせながらシャワーを浴びる。髪の毛を洗おうと、上の棚に置いてあったシャンプーボトルを持ち上げたその時、ボトルの底に付着しているものに目を奪われた。ダークブラウンの私のものよりもっと茶色くて長い女の髪の毛。心がざわついた。排水口を開けてみる。予想通り、今度は長い髪の毛が束で見つかった。熱いシャワーに打たれながら、混乱した頭の中を整理してみる。引っ越してから今に至るまでの短期間に、他の女が私と同じようにシャワーを浴びた、そう考えるのが一番自然だと思った。

髪を洗うのもすっかり忘れ、体だけ洗い流した後、タオルを巻き、ベッドルームへと歩く。ベッドの脇に落ちた下着を拾い、大雑把に身につけながら再びバスルームへと向かう。一瞬迷ったけれど、意を決して洗面台の棚を片っ端から開けてみた。すると、ピンク色の歯ブラシが無造作に置かれているのを見つけてしまった。疑念が確信へと変わった。ほんのり芽生え始めた恋心が急激に冷めていくのを感じた。私は、自分が使った歯ブラシをそのピンク色の歯ブラシの隣に並べ、棚の扉を閉めた。

「二股かぁ。それはショックだわ。整形どころの話じゃないね。彼には直接真相を聞いたわけ？　結局何もしなかったの？　キスだけ？」

同情と好奇心を目に浮かべながら、ミキが問い詰める。

「したした。しましたよ。してから見つけたんだもん、髪の毛。する前に見つけてたら、絶対しなかったけどね。もう。私の貴重なセックス返してほしいわ。あれから彼の電話にも出てないし、メールもしてないから、本当のことはよくわからないままなんだけどね」

本当のこと……。そういえば、彼は、一体何のために整形したんだろう。結局私のためじゃなかったのかな。二股疑惑以上に後味の悪い疑問だけが、解決されないまま残った。

「そっかあ。でも今年最後に、せめて1回くらいできてよかったじゃん。おめでとうだよ」

私の肩を叩きながらミキが励ます。

「まあね。1回させていただいてありがとう、って考えたほうがいいね。それくらいかな、収穫は」

肩に置かれたミキの手が、今度は私の耳元に近づいてくる。ミキは、オーナーの顔をちらりと横目で見ながら、聞こえないように小声で囁《ささや》いた。

「んで。どうだった？　よかった？」

私は、一口残ったワインを喉に流し込みながらしばらく考えた。そして、ミキの耳元に手を当て、ゆっくりと囁き返す。

「別に悪くなかったよ。可もなく不可もなくって感じかな。ただ悪くなかったんだけどさあ。彼……、私より声が大きかったんだよね……」

2006年

総資産：3,900,000円

貯金：目減り中。
でも、トレードは徐々に上向きだから結構ポジティブ。
恋愛：デート2回。駆け込みセックス1回。ないよりはまし。

第3章

2007年——

急ぐは負け、待つは機あり

勝ちを焦ると失敗する。冷静にその時を待つことが大切。相場の上がり下がりに急かされず、仕掛け場を見極めることが勝利へつながるという格言。

4月20日

今年の冬もまた山に籠もり、春先までスノーボードをしていた奈美子が帰ってきた。奈美子の帰還祝いも兼ねて、今日はミキと3人で、すっかり行きつけになったバー「溜まり場」を訪れている。私はいつものようにカウンターでPCを広げ、トレードのタイミングを見計らっている。

「彼氏と別れた」

初っ端からワインを一気に飲み干しながら、ミキは溜息混じりにぼそっと漏らした。

「オーナー。私もワインにする」

トレードどころじゃないことを悟り、私はPCを閉じた。オーナーは空になったミキのグラスに気づくと、すぐに2杯めのワインを注いだ。

「ボートレーサーと別れちゃったんだ？　2年も付き合っていたんだっけ。結婚間近だと思っていたのに残念だったね」

奈美子が慰める。

「やっぱり会えないと心も離れるってことみたい。ここ3ヶ月くらいほとんど会えてなかったし、会っても喧嘩《けんか》ばっかり。もう、一緒にいる必要ないなって」

「あの、子ザルみたいな顔したレーサー。連絡取れないことをいいことに、浮気でもしてたんじゃないの。別れて正解。で、次の人の候補はいるの？」

重い空気を払拭《ふっしょく》しようと、わざと軽口を叩きながら奈美子が言う。

「そこなんだよね。いつもなら次を見つけてから別れていたのに誰もいないんだよね。うちら、今年30歳じゃない。なんかさ。29歳と30歳はエライ違いだよ。需要がぐっと低くなった感じがする」

「あーわかるわかる。たった1年しか変わらないのに、20代と30代じゃ扱いも変わってきた気がする。ね、オーナー」

私は、たった3口のお酒で、すでにロレツが回らなくなりながらオーナーに話しかける。

「てゆうか、君等3人、俺に言わせりゃようやく女の子から女性になり始めたばっかりだよ。これからだんだん、男でも食いもんでも本物がわかるようになってくるんだよ。今までの恋愛なんて所詮それまでの練習だったってことでしょ。これからが本番だと思えばいいんじゃない。もっと楽しみなよ」

「そうだよね。この失恋だって、ゴールに近づくためのプロセスに過ぎない。とにかく数こなさないと、早くゴールに辿り着けないってことだよね」

ミキが言う。

「ゴールって結婚のこと？　何、みんな結婚したいわけ？　そこがゴールなの？」

奈美子が驚いたように両脇に座っている私達の顔を覗き込んできた。

「そりゃあそろそろ結婚を見据えた付き合いは考えるよね。だからこの人じゃないな、って思って彼とは別れたんだけど」

「私なんて、25歳過ぎてからずっと考えてるよ。むしろ、結婚したい相手としか付き合いたくない。まあ、奈美子はさ、そもそも長続きしないからね。こないだのイケメンハーフとは何ヶ月で別れたんだっけ」

「え。それいつの話？　だいぶ前じゃん。彼とは頑張ったほうだよ。３ヶ月も付き合ってたし。顔はものすごくタイプだったんだけど、話がとにかくつまらなかった。つまらないっていうか、ほとんどしゃべらなかったね。それに、スノーボード私より下手だったし。結婚は別にどうでもいいけど、子供は欲しい。むしろそれだけでいい」

「僕も、女性は30代からが魅力的だと思いますよ」

二つ隣のカウンター席に座っていた一人の男が、礼儀正しい様子でいきなり会話に割り込んできた。真っ白で歯並びの良い男。小動物のようなあどけない笑顔が印象的だった。ライトブルーのシャツにデニムというラフで飾り気のない格好で清潔感がある。

「僕の田舎じゃ同年代の女子はみんな結婚していますけど、都会の30代は全然若い。僕の元カノは36歳でしたし。こうやって、楽しいところに飲みに来たりするからなんでしょうね。あ。僕は省吾といいます」

「元カノが36歳？　ちなみに省吾君はいくつなの？」

年下に見えた彼に、馴《な》れ馴《な》れしく君付けで話しかけてみた。

「今年で29歳です」

可愛らしくはにかんだ笑顔を見せながら言った。一つ下か。仕事は、先月辞めたばかりで、失業保険をもらいながら今後の人生について模索中だという。

「僕、今小説を書いているんですよ。恋愛小説」

省吾と盛り上がっていると、ミキがいつの間にか個室のソファに横になって眠っていた。時刻は1時を回っている。奈美子は、1時間前に5000円を置いて帰っていった。ワインを2杯しか飲んでいないのに、5000円も置いて行くなんて。奈美子は節約家ではあるけど、決してケチではない。そんな彼女だからこそ、同居生活が成り立つのかもしれないとしみじみ思った。

「ミキ、全然起きなそう。このまま置いて帰れないし、困った」

「ミキさんが起きるまで付き合いますよ。一緒に飲みましょう」

そう言って、省吾は始発の時間まで付き合ってくれた。男性というより、女友達と語り合っているかのような居心地の良さだった。

4月30日

今朝の成績、プラス45，000円。

朝7時起き、8時半トレード終了。早起きは三文の得！　よし！

窓を開けて新鮮な空気を取り込む。外のひんやりとした朝の空気が人の流れで徐々に暖まってきているのが伝わってくる。テレビをつけると、お天気お姉さんが爽《さわ》やかな笑顔を振りまいていた。朝食を軽く済ませた後、ミキが訪ねてくるまで二度寝する。

午後1時。ミキが訪ねてきた。わざわざトレードをするために、有給休暇を取ったらしい。どうやら真剣にトレードを習得中のようだ。

「自分一人だと、なかなか勝てないんだよね。私に向いていないのかな。自信なくすわあ」

ミキが浮かない顔をして愚痴を言った。

「ミキ、まだトレード始めて1年経ってないでしょ。向いているも何もまだ全然わかんないよ。今は結果が出なくて一番挫折する時期かもね。私もそうだったよ。私なんか、ちょうどミキくらいの時、調子乗って大損ぶっこいたし。もう、目も当てられないくらい悲惨だった」

ちょうど去年の今頃経験した、大失敗。傷も癒えたし、いくら負けたのかをさくっと言ってみても良かったけど、挫折しかかったミキの心に追い打ちをかけるだろうと思い、言葉を濁した。

「そういえばミキ、金融占星術って知ってる？　アストロロジーともいうんだけどね、それ使ってトレードしたら面白いと思うよ。玲子ママにこないだ教えてもらったの」

「知らない。なんか難しそうだけどどうなんだろう」

「変化日とか星の位置とか、深く突っ込むと複雑になるんだけど。単純なところでいうと、月の満ち欠けが使えるかな。株価ってね、新月や満月が転換期になるって言われてるの。新月で頭打ちし、満月で底を打つのね。当たり外れの占いじゃないよ。考えてごらん。相場って、人間の心理で動くものでしょ。プロのディーラーも気にするらしいよ。みんなが注目する満月新月の法則もあながち間違いじゃないってわけ。だから、株価に連動する米ドル円も、その法則にしたがって、新月で売って、満月で買うの。たったそれだけだよ。月2回のチャンスしかないけどね。もちろん、それを踏まえてチャート分析する必要があるんだけど。例えば、こういう条件だったらトレードは様子見、とか、逆方向にこれ以上行ったら損切りするとかね。自分なりにトレードルールを作る必要はある。ミキは普段仕事してるんだしさ。もしかしたら短期のデイトレードより、スパンの長い中期的なスイングトレードのほうが合ってるかもしれない」

「へ〜。月を見ながらトレードするって、なんだかロマンチックだね。月2回のチャンスか。それならゆったりとできるし、ちょうどいいかも。ありがとう。検証してみるよ。ところでさ。私が泥酔していた時に盛り上がっていたあの子と、また会ったんでしょ。省吾君だっけ。彼とはどうなったの？」

ミキは興味津々といった顔で、何かあるんじゃないかと期待しながら聞いてきた。

「あーそうそう。それが不思議なくらい気が合ってさ。一緒にずっといても全然飽きないの。価値観とか、すごく合うみたい。でも、男っていうより女友達みたいな感じだね。それに、向こうは無職だし。この先どうにかなるってことはないと思うよ。でも、あんなに乙女な感じなのに、なぜか割と積極的に来るんだよね。ご飯どうですか？　って2日おきにメールが来たりとか。どういうつもりなんだろうね。無職のくせに」

PC画面を見続けながら、私はそう答えた。

「今は無職でも、将来性があるんだったらアリだと思うけどね。ほら、私と違って、サラはトレードで稼げるんだし。養ってあげるっていう選択肢もあるんじゃない」

「やだあ。ペットじゃないんだからさあ」

とその提案をさらっと流した。

6月12日

去年の大失敗から1年が経ち、ようやくあの失敗分を全部取り戻すことができた。1ヶ月単位でマイナスになることもあったけど、地道にコツコツトレードを心がけた結果、FXの口座残高は1200万円までに増えた。

早速、FX口座から700万円出金することにした。原資500万円からの再スタートだ。出金してから銀行口座に反映されるまで2日かかるようだ。FXという、ネット上で増やしたデジタルの数字が、果たして本当に現金化され、銀行口座に振り込まれるのだろうか。

6月14日

昨日の成績、プラス8，000円。

出金するまでの2日間、不安に駆られながらも本日9時、ようやく700万円の振り込みを確認することができた。ほっと胸を撫《な》で下ろす。

午後1時。

「本日700万円お預けいただき、誠にありがとうございます。今後ともよろしくお願い致します」

「あ。そうですか。わざわざどうも」

700万円が振り込まれた銀行からの電話だった。一方的に話され、そして切られた。

これでFX口座と銀行口座を合わせた総資産12，500，000円。

6月20日

玲子ママ主催のオフ会に参加する。挨拶を交わした人の中には、いつも見かける主婦トレーダーの他、有名なアナリストや、実力のある専業トレーダーの顔もあった。

「私、これに1000万円入れているの。サラちゃんも興味があったらやってみない？　月利3％は堅いわよ」

玲子ママが、自動売買ソフトをやっているという。月利3％かあ。でも、今は自分のトレードで精一杯だし、他に預けられる余裕もない。もうちょっと余裕が出てから考えよう。

「玲子ママ、3億勝ったって言っているけど、私は、一時的なものなんじゃないかなと思うんですよね。話聞いていると、相場観も一貫性がないし、損益率のバランスがあり得ない。普通、いつもあんなに絶妙に損切ったり、利食えたりするはずないのに。それに、500万円から1年半で3億って、めちゃくちゃハイレバレッジでトレードしてるんですよ。50〜100倍でやらないとそうはならないでしょ。仮に実際に稼いでいるとしても、それが長く続くとはとても思えない。負ける時は急激に資産も減るはずなんだけど。話半分くらいに聞いておいたほうがいいですよ」

隣に座っていたゆかママという専業主婦がそっと耳打ちをしてきた。旦那は整形外科医だという。完璧に決め込んでいる他の奥さん達と違い、白いシャツにスキニージーンズというラフな格好で、逆に目立つ。年齢が40歳だと聞いて驚いた。どう見ても30代前半くらいにしか見えない。

ここに来る人、みんな玲子ママの信者だと思っていたけど、中には冷ややかな目で観察している人もいるんだ。意外。でも、そういう私はどう思っているんだろう。

玲子ママの周りにいる人達って、私の友人達とは全く人種が異なる。ごく平凡な生活を送ってきた私にとって、桁違いの稼ぎ方をする玲子ママは、別世界の人に感じる。場違いな居心地の悪さを感じる一方で、玲子ママが、こっちの世界においでと手招きしてくれている、そんな気がするからついて行ってみたくなるのだ。

8月9日

今日は今のところノートレード。

7月に251円超えという史上最高値をつけた英ポンド円。空前の長期円安トレンド相場が続いている。米ドル円も2月に急落した後、6月まで4ヶ月連続一直線で上昇し続け、124・12円まで上昇。この勢いだと、1998年に記録した147・66円まで一気に到達するのではないかと、新聞やネットのニュースが騒ぎ立てている真っ最中。買えば誰でも儲けられると、相場は活気づいていた。ワイドショーでは、FXにハマる主婦の実体を頻繁に特集していた。

一方で、7月ぐらいから米ドルに少しずつ変化が見られた。7月2週目から4週連続でローソク足の陰線、つまり下げを記録したのだ。ひょっとしたらここで、大きなトレンド転換になるのか。いや、1998年に記録した史上最高値147・66円に向けて、ここから再度上昇するに違いない。とプロのアナリストの見解も真っ二つに分かれていた。

ただ、4週連続の下げというのはさすがに下げ過ぎだろう、そろそろ上げるのではないか。絶好の押し目買いポイントだという人の意見のほうが巷《ちまた》では多かった。実際、123・65円から117・17円まで6・48円の下げというのは、年に1、2回しか遭遇しない、暴落といえるほどの大幅下落だった。そのため、この暴落局面で、値頃感による全力買いに突っ込んだ！　という人もたくさん見られた。

買いか売りか。みんなが買ってるから買おうかという気にもなってくる。しかし、心を迷わせる懸念材料がもう一つあった。８月相場は一般的に、円高ドル安、つまり米ドル円は下落するという傾向がある。もしくは、夏枯れ相場といって、市場が閑散とするため、あまり動かない。市場参加者達の様々な憶測と期待が市場全体の空気を包み込んでいた。

結論。わからない時はトレードはしない。でも、動き始めたら動いた方向に乗ること！　そう自分に言い聞かせる。

8月10日

午後1時50分。東京駅発新幹線やまびこに乗る。お盆休みを取り、実家に帰省する最中。休みといっても、結局ＰＣと携帯さえあれば、実家でもトレードはできるのだけれど。

結局、８月1週目で、ほんのちょっとだけ相場が上昇方向に押し戻された。このタイミングで、多くのトレーダーは、下げが底打ちしたのではないかと期待し、買いに走ったようだった。

一方で、私は安値を割り込んだタイミングで売りに乗ってみた。逆張り方向ではなく、中期的な下げのトレンド方向に素直に順張りしてみたのだ。もし逆に動いたら損切りすればいいだけのこと。大宮駅に停車したところで、英ポンド円２３８・２３円の予約注文が約定したことを携帯電話で確認する。しかし、今のところ全く動く気配がない。夏枯れで閑散としているな。

このまま動かないのかもしれない。取りあえず様子見。

大宮、仙台、盛岡、主要都市の電波がかろうじてつながる地点でその都度レートをチェック。依然、相場は硬直状態。窓の景色からはビル群が消え、徐々に緑豊かな田園地帯へと変わっていく。

午後5時。八戸駅到着。駅に降りると、懐かしい磯の匂いと夕空が広がっていた。東京は気温30度を超すじめじめした真夏日だったのに、こちらの夕刻はからっとしていてすがすがしい。薄手の上着をはおり、ミュールからスニーカーにはき替える。

改札口で父親が迎えてくれた。毎年帰る度に見る馴染みの光景なのだけれど、半年ぶりに見る父は、以前よりさらに腹がぽてっと膨らみ、髪の毛が真っ白になり、老け込む速度が増している気がして無性に寂しくなった。

八戸駅からさらに車で15分ほど走って、ようやく実家に到着する。到着早々、荷物を片付けながらPCを開き、レートをチェックする。そろそろマーケットが動きたがっているような空気を感じる。

高校卒業後に故郷を離れて12年。毎年お盆と正月は欠かさず帰省する。母親は3年前、脳梗《こう》塞《そく》で他界し、実家には父親が一人で暮らしている。姉は新潟へ、そして妹は実家から車で1時間のところに嫁いだ。残すは私一人。30歳になっても独身だったら実家に戻って塾講師にでもなると、学生時代に冗談半分で言った一言を真に受けて、母親が市内に50坪程の土地を買ったと知らされたのは、25歳の頃だった。母親の死後、父親は一体どうやって生活していくのだろう、洗濯物や洗い物で家中が大変なことになるに違いないと思っていた。でも、私のそんな心配は取り越し苦労で、家の中はいつも驚くほど綺麗に片付いている。床にもほこりひとつ落ちていない。

「ちゃんと家事やってるんだ。偉いね」

「まずな。弁当も自分で作って持っていってるし、一人のほうが気楽でいい」

父はそう言うと、当たり前のように台所に立ち、親戚から届いた魚を捌《さば》き始めた。

午後11時。英ポンド円の含み益プラス15，000円。

まだ5銭しか取れていないのか。今日は全然動いてないな。もうちょっと粘って明日まで持ち越そうか。

それにしても田舎の夜は早い。9時を過ぎると、すでに辺りは真っ暗で何も見えない。月明かりが街灯代わりに人の気配のない家の周りを照らしている。田んぼのカエルの鳴き声と、たまに通る車の音だけが辺りに響き渡っている。旅の疲れもあってか、父と二人っきりの夕食を済ませた後、11時前にはぐっすりと眠りについた。

8月13日

朝、8時に目が覚めると、もう父の姿はなかった。3年前に、40年以上続けた自営のパン屋を閉め、今はパン職人として他店に雇われている。

自営業をしていた頃は、休みといえば1年間のうち、正月のたった1日だけ。朝から晩まで、信じられないくらい毎日まじめに働いていた。父の着ている服はいつも粉だらけで高校生の頃は近寄るのも嫌だったのだけど、父の手から放たれるたばこと甘い香りが混じった香りは結構好きだった。いつも小麦粉を触っているせいか、手はまるで陶器のようにすべすべで羨《うらや》ましかった。

誰もいない台所のコンロの上には、私の好物の菊と豆腐入り味噌汁《みそしる》が置かれている。シンクには、出汁《だし》をとった煮干しが几帳面《きちょうめん》にビニール袋でくるんで捨ててあった。

田舎の朝はとにかく早い。普段、一人でいる時のように一日中スッピンで昼まで寝て過ごすというわけにはいかない。1時間おきに訪ねてくる親戚を迎えるため、軽くメイクをし、きちんと身なりを整える。午前と夕方のお墓参りのために、供え物、生花、線香、ろうそく、マッチ、手桶、そして迎え火の準備をする。重箱にお供え用のおかずを詰めていると、玄関先から声が聞こえてきた。

「久しぶり。元気にしてたか」

叔母は挨拶をしながら赤飯を手渡した。小豆の代わりに甘い金時豆で作る叔母の赤飯は都内では絶対食べられない。懐かしい田舎の味、これを楽しみにここに戻ってくるのだ。ただし、楽しみではない恒例行事もある。

「サラちゃん、何歳になるんだど。そろそろ結婚してもいいんでねが？」

お決まりのように始まるこの質問攻め。

「ええと。今のところ予定ないです。残念ながら。見合いでもなんでもするので誰か紹介してくださいよ」

投げやりに返事をする。でも、お見合いというのは半分本気だった。トレードはどこでもできる。東京にいる必要なんてないのだから。もし、こっちでいい人が見つかったら、地元に戻ってきてもいいと思う気持ちは、年々高まってきていた。でも、30歳独身女を嫁にしたいという田舎の男性を見つけるのは、都会以上にはるかに難易度が高い。ましてや、FXなんていう言葉すら知らない人達だから、パチンコなんかのギャンブルと区別すらつかず、謎の仕事だと思われるのではないだろうか。理解させるのがどれほど大変なことか、ちょっと考えただけでも、現実的ではないことが容易にわかる。FXで生活していますなんて、とても言えない。

昼過ぎ、妹が2歳になる甥っ子を連れて訪ねてきた。妹は、よほど子育てが忙しいのか、ウエストと太もも周りが随分とほっそり痩せ細っているように見えた。

「あんた随分痩せたんじゃない。子供産んだことないからよくわかんないけど、普通子供産むとさ、体型が崩れてデブデブッとするもんじゃないの？」

「とんでもない。産後は、授乳で栄養を吸い取られるし、たっくん抱きかかえながらあちこち歩きまわるから、太る暇なんてないんだよ。今のところはね」

なるほど。去年、ようやく歩き始めたと思っていたたっくんが、おぼつかない足取りであちこち歩きまわっている。ちょっと目を離すとすぐ姿が見えなくなる。妹が痩せ細るのもわかる。子供の成長ってあっという間だな。顔を忘れられないようにちゃんと会いに来ないといけないな。

「そういえば、最近、お父さん毎晩帰りが遅いらしいよ」

温かいお茶をすすりながら妹が言う。

「仕事が遅いだけじゃない。それか外で飲んでるか。まさか恋人ができたってことはないよね」

一瞬脳裏をよぎったが、父の普段と変わらない色気のない身なりを見るかぎり、まずその可能性はゼロに等しいだろうと、妄想はすぐに打ち消された。

「今夜、じっくり聞いてみるよ」

6時頃。父が帰宅してきた。夕飯を並べながら、帰宅が遅い事情を問いただしてみる。

「パチンコだ。パチンコやって勝った日は、居酒屋で仲間達と一杯引っ掛けてから帰るんだよ」

だとしても、毎晩のように居酒屋へ寄ってから帰るってことは、毎晩勝っているってことなんだろうか。

思い返してみると、昔から父はパチンコがものすごく強かった。高校生の頃、「欲しいコートがあるんだけど」とおねだりしてみたところ、その晩、景品のチョコレートと、コートを買ってお釣りが来るほどの現金を持ち帰ってきて、私にお小遣いをくれたこともあった。お風呂のリフォーム代も、パチンコで貯めたへそくりで賄ったらしい。父にそんなギャンブルの才能があるなんて信じられない。

「父さん、ホントに勝ってるの？　どうやって？」

聞くと、要はこういうことのようだ。

パン屋の隣にあるパチンコ屋で遊んできた仲間が、帰りに日課のようにパン屋に立ち寄る。そこで、今日は全然ダメだったとか、めちゃくちゃ出たとか、武勇伝を語って帰る。彼らが使った台をさりげなく聞いた父は、同じ台でパチンコをする。彼らがお金をつぎ込んだその台は、父がやる頃には爆発する確率が高いというわけだ。そうやって、仕事帰りの1、2時間を使って、ひと儲けしているというのだ。もっとも、情報をくれた仲間にも居酒屋でご馳走するため、結局手元には何も残らないようだった。また、父は使う予算をきっちり決めていて、予算以上はつぎ込まないという。ちょっと負けてダメだったらすぐやめる。のめり込まないことを徹底しているそうだ。まさにトレードにおける勝利の法則をそのまま実践していたのだ。

「そろそろ仕事辞めてパチプロになってもいいくらいだ」

「へ〜いいじゃん。やりたいことやりなよ」

父は、私がやることに今まで一度だって反対したことがない。トレードを仕事にすると言えば、どの親だって心配するはずなのに。父が、私の良き理解者でいてくれる理由がわかったような気がした。

8月14日

午前10時。お盆2日目。来客を迎える準備を整え、一息つきながらPCを開く。

「え!?　何これ??」

思わずPC画面を二度見してしまった。

「ウソ……でしょ……」

チャートを開くと、見たこともないような長いローソク足の陰線が真っ逆さまに下へ伸びていた。システムエラーかと思い、チャートを一旦閉じ、また開き直す。夢ではない。現実に起こっている出来事なのだと、一生懸命脳みそに教え込む。

英ポンド円が235・15円。一昨日エントリーしたレートが238・23円だから、たった2日間で約3円も下がっているのである。ということは、私の含み益は一体いくらになっているのだろう。夢中で確認してみる。すると、なんと驚くことに、プラス90万円にまで膨らんでいた。

急いで決済しようとマウスに手を伸ばすが、一度深呼吸をしながら、冷静になった頭で改めてチャートを分析してみる。チャートの形を見ると、直近の安値を割り込んだばかりで、まだこれからどんどん下がるような気がする。その次のサポートはまだだいぶ下にあるし、値動きのスピードを見る限り、そこまで一直線に下がる可能性だってある。もっと下げそうな気もするという予感を尊重しつつ、取りあえず半分だけ利益確定する。50万円の利益確定。

8月15日

午後8時30分。この暴落は尋常ではない。これまで見てきた暴落とは明らかに様子が違う。トレードを始めてまだたったの3年しか経っていない私でもその異常さは感じ取ることができた。

ネットでマーケットニュースを調べたところ、どうやら、アメリカで起こったサブプライムローン問題というのが引き金になっているようだ。サブプライムローンとは、通常、住宅ローンの審査に通らないような信用度の低い人向けのローンで、そういう低所得者たちに、米銀行はほぼ無審査で高利のローンを組ませていた。しかし、長く続いた住宅バブルが崩壊し、ローンの滞納額が一気に増額。それに伴い差し押さえも増加。それを受けて住宅価格は暴落。その結果、証券会社、ヘッジファンド、銀行が次々に破綻《はたん》の危機に陥ったらしいのだ。

住宅バブル崩壊。経済危機。様々な不穏なワードに身震いがした。

え？　これって、ひょっとして、歴史的なショックってこと？　もっともっと下がるってことなのかな。でもどうしよう。他の人は、これ以上、下がらないと信じて買っている人もいるみたいだし。その時、ふと頭に浮かんだ。

「自分の信念を貫く」

あのセミナーで聞いた、尊敬する白金マダム様の言葉。そうだ。信じられるのは自分の感覚と目の前のチャートだ。チャートに素直に耳を傾けてみればいいんだ。

さらに下げると予想した私は、英ポンド円234円から、さらに売り増してポジションを増やす。

午後10時。どうやら相場が完全に壊れたみたい。ドンドンドンドン下がっていく。利が乗るのも一瞬だけど、その利益も、ほんの一瞬で数万円ずつ増減する。実家に一時的につないだADSL回線のせいか、レートの切り替わりがやけに遅い。レートの変化に更新スピードがついていっていないようだった。先ほど売り増ししたポジションを決済しようとマウスをクリックしても、全く約定してくれない。世界の向こうで繰り広げられているその無秩序な相場動向を、胃に穴があきそうな心境でただじっと眺めているしかなかった。

この日、英ポンド円はさらに下げて最安値230・80円を記録した。12日の最高値から、たった4日間でなんと8・8円もの大暴落を記録したのだ。結局、相場が一段落したところでようやく決済注文が約定した。気づくと、4日間でプラス320万円。会心の大ホームランだった。過去稀《まれ》に見る大暴落で、私は一瞬にして大金を手にした。

8月17日

@新幹線の中

今日のトレード、ノートレード。

お盆も終わり、世紀の大勝負も一段落し、興奮冷めやらぬままぼーっと窓の外に広がる景色を眺めていた。自分へのご褒美に、八戸駅で買ったわっぱめしを広げる。甘く煮たしいたけ独特の香りが食欲をかきたてた。ゆっくり味わいながら、携帯でレートをチェックする。

ん？　これはどういうことだろう？

またもや自分の目を疑った。もういい加減上げてもおかしくないと思っていたのに、また下げている。しかも、携帯電話の更新ボタンを押す度、30銭、1円と秒刻みで大幅に値を下げているのだ。

結局この日は、英ポンド円221・47円を記録。私が決済したのが231円だったから、そこからさらに10円も下げていた。尋常じゃない暴落。いや。パニック相場だ。米ドル円は13日に118・56円だったのが17日には111・58円まで下落、約7円の下げ。こちらもパニック売りが加速していた。

新聞、テレビでもサブプライムショックでの株価暴落、米ドル暴落の話題で持ちきりだった。他のトレーダー達の動向が気になる。

痛々しいほどの損切りを余儀なくされた大勢の人々の悲劇的な声がネット上で飛び交う。

(2年間で稼いだ利益がこの3日間ですべて吹っ飛んでいきました)

(全力買いしたポジションが全滅。マイナス3000万円の損。これからどうやって取り戻したらいいのだろう。今は何も考えられないので、しばらく旅に出ます)

(親の遺産、子供の養育費、そして私の医療費、すべてが一瞬で消えました。もう生きていく自信がありません)

まるで台風が去った後の惨劇のよう。悲痛な叫びに心が掻《か》きむしられる。

パニック相場の中、手動での決済が間に合わず、マージンコールどころか、口座残高がマイナスになる人も多数いたらしい。去年、私が身をもって体験したあの恐怖が蘇《よみがえ》る。

「勝ち馬に乗る」という言葉があるように、人間の心理として、相場が上昇する波に乗って利益を上げるのがわかりやすいし、投資のセオリーとされている。右肩上がりに上昇し、相場が活気づくと、『10年ぶりの高値更新』などとニュースがはやし立てる。そこに乗り遅れまいとする一般投資家が次々に買いで市場に参入し、さらに相場はヒートアップする。大きく上昇したところで、今度は機関投資家やヘッジファンド筋が利益確定売りや、空売りを仕掛ける。すると相場は徐々に下落の兆しを見せ始める。

今回は、そこへサブプライムローン問題が勃発《ぼっぱつ》。それが引き金となり、形勢逆転。ついこの間まで、大盛り上がりだった上昇相場が一変、気づけばあっという間に下落トレンドへと様変わりする。こういったトレンド転換は、一瞬の隙をついて訪れるもの。きっとまた上げるはずだという根拠のない思い込みから、利益確定し損なったり、損切りできずに逃げ遅れる投資家達が圧倒的多数派。だから暴落時には、一般投資家は市場の餌食《えじき》になるのだ。

一方で、暴落は、大きく稼げる千載一遇の好機にもなるが、それが可能なのは果敢に攻めることができる極少数派だけ。私は、今回、たまたまその少数派に入ることができた。

つい先月までは、買えば儲かると誰もが信じて疑わなかったのに、相場がそっぽを向いた瞬間、損切りできないばっかりに、あっという間に全財産を失う恐ろしさ。もし、去年、大失敗した時に何も学ばないで同じようなトレードを繰り返していたら、もしかしたら、私が犠牲者になっていたかもしれない。失敗はしてもよいのだ。致命傷さえ負わなければ、また復活できるから。失敗から教訓を学ぶこと、そして同じ失敗を何度も繰り返さないこと。そうすれば、光は見えてくるのだ。

9月5日

昨日の成績、プラス340，000円。

複利パワーは偉大だ。先月のサブプライムショックで資金が増えて以来、証拠金が増えたおかげで、取引する量も倍増し、日々の利益が桁違いにどんどん増えていく。最近の相場は本当によく動く。これがいつまで続くかわからないけれど、とにかく今は絶好の稼ぎ時だということだけはわかる。

9月30日

昨日の成績、プラス270，000円。ついに月間利益1000万円突破。初めての快挙に狂喜する。でも、さすがにこうも取引量が大きくなると、1回のトレードで受ける精神的負担も相応に大きくなる。金額の増減を見ながら、つい冷静になれなくなる自分もいる。

それに、莫大な利益を上げると同時に重くのしかかってくるのが税金問題。去年、一昨年と違い、今年はだいぶ税金負担が重くなりそうだ。節税対策も考えなくちゃ。それに、いつまた失敗して資金が目減りするかもわからないし。派手に稼いだからといって、派手に使おうという気にはなかなかなれないのが現実。

10月5日

「今日奈美子ちゃん何時に帰ってくるの？」

「何時だろうね。聞いてみようか」

メールを打つ間、省吾は、ベッドに腰掛けながらキャラメルコーンを口に運んでいる。省吾と知り合って6ヶ月が経つ。彼は、土曜日の夜はほとんど毎週家に泊まりに来る。まるで、そこにいるのが当たり前かのように、四畳半の狭い空間にもすっかり馴染んでいる。慣れた様子で私の腰に腕を絡ませ、首筋に唇を近づけてくる。

「ちょ、ちょっと。奈美子帰ってくるかもしれないから無理」

「えー。奈美子ちゃん、僕毎週末来てるの知ってるじゃん」

「それはそれ。一応ね」

「じゃあ、帰ってくる前に済ませよ」

そう言いながら私をベッドに押し倒すと、服の裾から手を忍ばせ、胸の谷間に指を這わせる。もう。ムードも何もあったもんじゃない。もっとも、クローゼットもない衣類丸出しの部屋の中で、ムードを出そうというほうに無理があるのだけど。大学の頃から使っているシングルベッドが部屋の半分を占める4畳半の狭い部屋。その一人用の狭いベッドで、お互いぴったりと寄り添いながら肌と舌を重ね合わせる。熱気でくもった小窓からかすかに月明かりが差し込んでくる。安堵と幸福に包まれながら、いつの間にか眠りについた。


「ぎゃ。びっくりした」

部屋の外から聞こえる奈美子の低い悲鳴で目が覚めた。外はすでに明るくなっていた。隣に眠っていたはずの省吾がいない。もしかして……。

「あ。奈美子ちゃん、ごめん。おはようございます」

「おお。おはよう」

奈美子の声がリビングルームの奥のほうに吸い込まれるのと同時に省吾が部屋の中に入って

きた。上半身裸で、下はかろうじてスウェットパンツをはいていた。

「ちょっとお。もう信じられない。Tシャツくらい着て外に出てよ」

「ごめん。だって、トイレに行くだけだし面倒くさくて。まさか、奈美子ちゃんと鉢合わせするなんて思わなかった」

携帯の時間を見るとまだ午前7時半。眠気が一気に吹き飛んだ。省吾はまだ眠そうにスウェットパンツを脱ぐと、もぞもぞと布団に潜り込み、私の胸に顔をうずめてきた。

「今度から泊まる時は、ウチじゃなくて省吾ん家《ち》にしようよ。奈美子に気遣うし」

「いや。僕の家知ってるでしょ。弟と住んでるの。それに部屋が隣同士だから、声なんか丸聞こえだよ。弟の彼女しょっちゅう泊まりにくるからいづらくてさ。サラの部屋はリビング挟んでるから、全然まし」

「はあ。そっかあ。でもやっぱりプライバシー欲しいなあ」

「じゃあさ、もう一緒に住もうか」

え？　まさか。これで完全に眠気が覚めた。

「一緒に住むって同棲するってこと？　本気で言ってんの？　寝ぼけてんの？」

私の上に覆い被さって甘えてこようとする省吾を制止しながら聞き返す。

「嫌なの？　サラと一緒なら楽しそうじゃん。ご飯作ってあげるよ。僕得意だし」

ええと。楽しいとか、そういう問題じゃなくて……。

「私でいいの？」

「いいから言ってるんだよ。サラがいいの」

ふ〜ん。そうなんだ。私がいいんだ。

省吾と会話していると、気づいた時にはいつも彼のペースに引き込まれている。積極的というか、マイペースというか、でも極自然に彼のふわふわっとした世界に吸い込まれていくようなこの感じ、すごく好き。

同棲するのはよいとして、彼が無職だということをすっかり忘れていた。生活費、彼に支払う経済力はあるのか。仕事は探しているのか。もしかして、私のヒモになるつもり？

それよりも何よりも、最も肝心な部分が抜けている。居心地がいいのをいいことに、いつの間にかいて当たり前のような関係になってしまったけど、よく考えたら、省吾からは何一つ決め手となる言葉を聞いていないのだ。好きだ、付き合ってほしい。はい、わかりました。こういった手順を踏んでいない。なんとなくでスタートした省吾との関係に、今さらながら若干不安を覚える。

「部屋はそれぞれ一部屋ずつあったほうがいいね。サラも僕も日中家で仕事するんだから。生活費？　折半にしてくれると助かるな。仕事？　大丈夫。僕、数年働かなくても生活できるくらいの蓄えはあるから。ほら。一応外資の金融マンだったから、前職の給料結構良かったんだよね。言ってなかったっけ？　ごめん。だからサラの仕事、別に驚かないよ。為替はやったことないけど、だいたいわかるし」

無職のくせに、なんでこんなに余裕なんだろうと疑問には思っていたけど、そういうことだったのか。ようやく腑《ふ》に落ちた。

「給料良かったのになんで辞めたかって？　そうだなあ。一言でいえば、心が折れちゃったってやつ。よくある話だよ。僕は、年収３０００万円くらいもらってたんだけど、上司や同僚なんかがどんどんクビ切られたり、ヘッドハンティングでとにかく入れ替わりが激しい職場でさ。心の安らぎを持つ時間が一切なかった。これは長くできる仕事じゃないなって。あとは、身内の不幸も重なっちゃって、ストレスのかかる仕事が嫌になっちゃったわけ。サラはスゴイよ。よっぽどタフじゃなきゃできないと思うよ」

10月25日

午前10時。省吾を連れ、インテリアショップを訪れている。先々週から引っ越そうとマンションを探し始め、先週契約を済ませた。五反田駅から徒歩10分の、40階建てマンションの23階。3ＬＤＫで家賃30万円。8万円の公団住宅からいきなり引っ越すことを考えると、少々怯むが、二人で折半ならば悪くない。8畳の部屋は寝室、窓際の6畳の部屋は私のトレードルーム、そしてキッチンの隣の6畳の部屋は省吾の部屋。二人で住むには広過ぎるくらいの間取りだ。人生初の同棲生活がスタートする。しかも30歳になったこの年に。

クイーンサイズのベッドとメイク用のドレッサー、リビングルームに置く白を基調にしたテレビ台とテーブル、そしてＬ字型の大きなソファ。それと、トレードルーム用のデスクと椅子を二つずつ。引っ越し日に合わせて到着するよう手配する。

昼食を済ませた後に向かったのが家電量販店。家電好きな省吾が、真剣な眼差しであれこれ物色している。冷蔵庫、電子レンジ、洗濯機、50インチのテレビ、デスクトップPC1台、18インチモニターを8台。生まれて初めて家具や電化製品一式を購入した。しかも、男との共有物を。

家具家電を揃えるということは、私にとってはとてつもなく勇気のいることだった。そこにしばらく根を張って住み続けるという勇気。次に引っ越す時は、結婚する時だ。それまでは、何も持たないと決めていた。身軽な渡り鳥のような生活がしたかったのだ。ペットを飼ったり、マンションを購入すると婚期が遅れるとよく言うけど、私にとっては、それがまさに家具一式だった。家電を一緒に選ぶ二人の状況を客観的に見ながら、この関係って一体なんだろうという疑問が頭をかすめる。

帰宅途中、さり気なく省吾に質問を投げかけた。

「ねえ。省吾は、仕事探してるの？　当分働かないつもり？」

「仕事？　してるよ。恋愛小説書いてるって言ったじゃん」

「あ。あれ仕事だったんだ。お金は？」

「入ってくるわけないじゃん。まだ本にもなってないのに。当分貯金切り崩しながら生活するかな。言ったろ、蓄えは十分あるって。ま、貯金が底をついたら知り合いに仕事紹介してもらうよ」

なんだか行き当たりばったりな子だな。将来のこととか、ちゃんと考えてるんだろうか。

「そういえば、昔付き合っていた人36歳って言ってたでしょ。何してた人？」

「医者だったかな」

「なんで別れたの？」

「子供が欲しいって言われたから」

省吾のさりげなく残酷な一言に、一瞬息が止まりそうになった。元彼女、36歳、医者、別れた原因、子供を欲しがったから。

「でも、僕もまだ28歳で若かったし、仕事も忙しかったし。タイミングが合わなかったんだよ。僕のことが好きだったっていうより、結婚したかっただけで、相手は別に誰でもいいって感じだった。実際、その1年後に結婚したみたいだしね」

呑気《のんき》そうにそう付け加えた。

11月7日

「本当に引っ越し手伝わなくてよかったの？　落ち着いた？」

奈美子がグラスを片手に尋ねる。引っ越し祝いも兼ねて、ミキと奈美子と3人で銀座のダイニングバーで食事をしている。

「もうだいぶ綺麗に片付いたよ。家具の配置とか、ほとんど省吾にやってもらったし」

「優しいね、省吾君。仲良いじゃん」

ミキが羨ましそうに言う。

「暇だからね、彼。掃除もマメにやってくれるから、助かる。毎日一緒にいられて嬉しいんだけどさ。でも彼……」

私は、先日聞いた、元彼女の話を、事細かく二人に説明した。


「これってさあ。元カノだけの話じゃなく、私とも結婚なんて考えてないってことだよね。それなのに、同棲だなんてさ、意味わかんない。向こうはどうしたいのかな。私はどうしたらいい？　ねえ」

「あんたもまた答えづらい質問をいきなりぶち込んでくるね」

笑いながらミキが言う。

「だったらさ、もう聞いちゃえばいいじゃん。私は結婚前提にしか付き合いたくないんだけどどう思ってるのって。時間勿体《もったい》ないじゃん。もしこのままずるずる無職男と付き合って2年、3年経っちゃったら悲劇だよ」

奈美子が鋭利な刃物のような口調で、グサグサと鋭い現実を突きつけてきた。

「つうかさ、『溜まり場』で初めて会った時、結婚とかそういう話してたじゃん、3人で。私、それてっきり省吾君は聞いていたと思ったんだけど」

「聞いていなかったんだろうね。今は百歩譲って無職でもしょうがないとしてさ。肝心の将来性はあるわけ？　彼。サラはトレーダーだから、リスクが多少高くても、それに見合ったリターンが見込めれば果敢に挑みたいってことなんだろうけど。ハイリスクハイリターンだね。それに、無職であんなところに飲みに来るって、貯金いくら持っているのかも気になるし。まさかサラのヒモになる気満々とか？」

現実的な疑問のミサイル攻撃。私、もう心が打ち砕かれそう。

「ははは。面白いね。奈美子の発想。成長株に投資するかぁ。いわゆる青田買いってこと？　私は、ローリスク確実リターンがいいな。食いっぱぐれのなさそうな弁護士とか医者とか。経営者とかはどんなにお金持っていても無理。いつ潰れるかわからないもん」

男と女って実にうまくできている。顔立ちがはっきりしていて正統派美人のミキは、日本人男性に最もありがちな、子ザルみたいに薄い顔の男が好みらしい。顔より安定した経済力が第一条件だという。彼女の容姿を以てすれば、十分現実的だ。私は、お金は自分で稼げばいいと思っている。相手に求めるのは、溢れんばかりの愛情、そして私の仕事と性格を理解してくれる心の広さかな。それにバランスのとれた筋肉があればなお良し。

「彼、結構貯金あるらしいよ。完全折半だし。外資系金融会社で働いていたんだって。じゃなきゃ、自分からあんな高いマンション選ばないでしょ。でも、やっぱり働く気も結婚する気も当分なさそうなところがねえ。気になるよねえ」

「あ。私、男はどうでもいいけど、外貨預金で米ドルの他に、今、金《きん》の積立してる。一番堅実そうじゃん。堅実な男はつまらないから2ヶ月も長続きしないけど、金は温めておくと着実に育ってくれるじゃない。それに裏切らないし」

ちなみに奈美子のコンプレックスは、足首のアキレス腱がちょっと太めなことらしい。じゃあ一体、彼女が男に求めるのってなんだろう。

11月10日

午後6時。夕方から降り続く雨は、さらに本格的な雨音を立てている。暖房をつけ、間接照明に明かりを灯《とも》す。

「もうさ。この際だから聞いておきたいことがあるんだけど」

いてもたってもいられなくなった私は、ソファに座る省吾の真ん前に正座しながら、改まった口調で話を切り出した。

「わかってると思うんだけど、私今30歳じゃない。これから付き合う人とは本気で付き合っていきたいわけよ。つまり」

「僕だって本気でサラのこと好きだし、大事に思っているよ。少しでも長く一緒にいたいって思うから一緒に住んでるんじゃん」

「本気の意味わかってる？　省吾の言う本気って何？　私が言ってるのは、結婚のこと。私も若くないし、遊びで付き合っている時間はないと思ってるのね。だから、これから付き合う人とは結婚前提でしか付き合いたくないの。最初からそこんところをはっきりさせておいたほうがいいと思って」

省吾は、じっと斜め下を見ながら、言葉を発することなく、何かを考えていた。どうやって自分の考えを伝えようかと一生懸命悩んでいるようだった。そして、次の瞬間、涙をポロポロこぼし始めた。まさかここで泣くとは。予想外の事態に動揺する。そして省吾は、涙で瞳《ひとみ》をにじませながら、絞り出すような声で話し始めた。

「サラとはまだ知り合ったばっかりだけど、価値観も合うし、すごく好きだよ。今まで付き合ってきた人の中で、誰よりも大切だと思ってる。でも、付き合いの先に結婚っていうゴールは僕にはまだ考えられない。まだ、っていうと卑怯《ひきょう》だけど、時間をかければそのうち芽生えるかどうかも、正直よくわからない。だから、今この時点でどっちかしか選択肢がないんだとしたら、答えはさようならになっちゃう。本当は嫌だけど。これは、相手がサラだからってことじゃなくて、僕の価値観の問題だから」

泣きたいのはこっちだ。女の涙はずるいと言うけど、男の涙はもっとずるい。捨てられた子犬のようにどこかさみしげな瞳。普段見せない彼の弱さを垣間《かいま》見てしまった衝撃からか、その濡れた瞳に母性をくすぐられた。不思議。でも、こんな男と一緒にい続けることに何の意味があるのか。考えても答えは見つからない。私は省吾をぎゅっと抱きしめ、そして考えるのをやめた。

12月10日

ミキと奈美子が家に遊びに来ている。今日は、省吾は帰ってこない。テーブルの上で、ぐつぐつと煮えた鍋から温かい湯気がこぼれてくる。ミキが、野菜や牡蠣《かき》、豆腐を手際よく人数分取り分ける。

「奈美子ちゃん、サラが出て行った後、あそこに一人で住んでるんだっけ？」

「ううん。私、今月末に新潟へ行くから、今、新しい子が二人住んでるよ。ドイツ人と韓国人の子」

「やっぱり今年も行くんだ。奈美子ってさ、そんな生活続けてたら彼氏できないでしょ。いらないわけ？」

「彼氏はね、現地調達よ。だって、周り、男しかいないから選び放題だし。まあでも、私みたいにスノボやってる男だから、フリーターしかいないけどね。若くて、かっこよくて、スノボだけが取り柄のフリーター。でも一人まともな人いたな、そういえば。市役所勤めの公務員。栃木のハンターマウンテンで知り合ったんだけど、鬼怒川温泉の近くに一人暮らししているっていうから、ハンターまで通うのにちょうどいいと思って付き合ってたんだけど。付き合ってまだ2ヶ月しか経ってないのに、プロポーズされちゃって。実家の隣に土地があるからそこに家建てるとか言い出しちゃったの。それを聞いた次の日、駅まで送ってもらって、怖くなってそのまま会ってないわ。行く末が見えると、萎《な》えるんだよね。やっぱり私、結婚には興味ないんだろうな。そういえば、結局こないだの話の続きはどうなったの？　省吾君に結婚する気があるのかどうか、ちゃんと聞いた？」

「向こうには、現在にも将来にも結婚というゴールがないってことがわかったよ」

私は、牡蠣を頬張りながら、ただ結論だけを述べた。

「へー。省吾君に直接聞いちゃったんだ。じゃあ、別れるの？」

奈美子は、特に驚いた様子もなく、ズバッと核心をついてきた。彼女は、こうやっていつも直球な聞き方をしてくる。

「うん。別れようって私から言った。言ったんだけどね」

その後の状況を、どう説明していいのかよくわからず、しばらく黙ってしまった。なぜならば、同棲は解消したものの、同居人として一緒に住むことにしたからだ。省吾に、

「私達、別れたんだよね。家の契約はどうする？」

と聞くと、彼は、

「そうだね。でも、またこれから新しい部屋探すの面倒だな。前の部屋は、弟の彼女が住み始めて行くところないし。それにサラとは、一緒にいても楽しいからさ。とりあえず、当分はこのまま今まで通り仲良く付き合おうよ。同居人として」

なんてふざけたこと言って、なかなか出て行こうとしないのだ。もちろん、友達宣言をした以上、セックスはなし。

「えー？　じゃあ、別れた男とルームメイトになるってこと？　あり得ない」

奈美子は、納得いかない口調でそう言った。あり得ない。確かに、同棲が同居に変わったなんてあり得ない状況だ。だから、私も戸惑っているのだ。

「そうなんだけどねえ。それがさ。なんだかよくわからないんだけど、うちにいるのも当たり前になってきちゃって。掃除も洗濯もやってくれるし。食事は、たまに作ってあげると美味しそうに食べるし。もちろん片付けはやらせるよ。それに、あのチワワみたいなうるうるした瞳を見ているだけで、なんかこう癒やされるんだよね。本物のペット状態」

付き合った当初から薄々気づいてはいたんだけど、省吾って、他の男とはちょっと違う。半年以上も一緒にいたのに、数えてみたら、セックスは片手で収まる程度しかしていない。体の相性の良し悪しではなくて、ベッドの上でもいつの間にか話が盛り上がり、そういう雰囲気にならなかったり、つまり、お互いにセックスをあまり求めなかったのだ。

ひょっとして彼、ゲイなのかも。いや、ゲイに違いない。そう自分に言い聞かせていたら、不思議とゲイに見えてきた。そうだ。これから私は、男と同棲するんじゃなく、ゲイと同居するんだ。それも、人生に一度だったら悪くないかも。

一緒に暮らす上で、いくつか条件を突きつけた。ここに住む以上、私は省吾のことをゲイだと思ってこれから接する。もし、省吾が他に女を作ることがあったら、即刻出て行くこと。もし、私に男ができたら、その時は省吾が出て行くこと。省吾が他の女とデートをすることは許されない。結婚する気もない男がデートをして弄《もてあそ》ぶなんて、相手が可哀想だから。そして私は、一日でも早く彼氏ができるよう、できるだけ出会いの場に行く。かなり一方的で不平等な取り決めだということは重々承知の上。でも、これくらいの条件を叩きつけないと、成立しない同居だった。

「ほら。やっぱり私の言った通りじゃん。サラが彼を養ってあげて、このまま主夫になってもらえばいいんじゃない。お似合いだと思うけどな」

ミキは、ポンッと手を叩きながら、名案だと言わんばかりに提案してきた。

「だからあ。もう別れたんだってば……」

2007年

総資産：43,000,000円

懐は温かい。
サブプライムショックを味方につけ、資産急増。ようやくトレードがわかってきた!?
恋愛：彼氏なし。同居人一人。
心は寒い。

第4章

2008年——
思い上がりは下り坂

思い上がって向上心を失うと、命取りになる。自分の実力を過信せず、冷静に相場と向き合うことが肝心という格言。

3月13日

円高ドル安が進行、東京外国為替市場で一時1ドル＝100円を割る。100円を下回ったのは1995年以来13年ぶり。

ついに米ドル円が13年ぶりの100円割れだって。大きな節目割れ。去年8月のサブプライムショック以来、米ドル円は124円をピークにずっと下がり続けている。私がトレードを始めた頃は、買っていれば誰でも儲かるっていわれていたのがウソみたい。去年の暴落も凄《すご》かったけど、今年はなんだかもっと凄《すさ》まじい波瀾《はらん》万丈な出来事が起こる、そんな予感がする。気を引き締めて頑張らなければ。

3月20日

省吾は今週、1回も外に出ていない。ずっと部屋に閉じこもったまま、同じジャージを1週間以上着ている。歯磨きや洗顔をした形跡も見られない。もっとも、人のことは決して言えないのだけれど、少なくとも私は、マンションから10メートル離れたコンビニくらいには毎日行っている。それに、最低でも2日に1回はお風呂に入っているし、下着と部屋着は毎日着替えている。

3月25日

本日の成績、0円（今起きたばっかりだから）。

雲ひとつない青空が広がる初春の昼下がり。自分の寝言で目が覚めた。普段はよく、ベッドにノートPCを持ち込み、チャートを開きっぱなしでそのまま寝てしまうことがある。そういう時は、決まってトレードの夢を見る。

トレード中、いきなり相場が暴落。マイナスが膨らむ中、決済しようとしてマウスをクリックしてもシステムエラーで決済ができない。その間にどんどん損失が膨らんでいく。寝汗をかきながらパニックになって目を覚まし、慌ててPCを確認し、それが夢だと知ってホッとしたりすることもあった。

珍しく私より早く起きている省吾が、リビングルームにいる。

「省吾、今日天気いいから外行かない？　銀座までショッピングに付き合ってよ」

「え〜。メンドクサイなあ」

「ランチご馳走するよ」

「いいの？　そしたら三越の『ラデュレ』でお茶もしたい。こないだテレビでやっててさ。行ってみたかったんだ」

「『ラデュレ』って。あんな乙女なカフェ行きたいの？　ミーハーな女子かセレブなおばちゃんしかいないでしょ。お茶するならスタバで十分。その代わり、ランチはフカヒレご馳走するから」

渋々それで妥協してやるかと言ったふうに、「まあ、いいけど」と腰を上げ、身支度を始めた。こうやって甘えてくる省吾に、軽口を叩きながらも、内心決して嫌な気持ちにはならないのが不思議だ。もっとも、昨晩40万円勝って上機嫌だったせいかもしれないけれど。

銀座の交詢社通りにある「バーニーズ ニューヨーク」。ドアマンが、「いらっしゃいませ」と優しく語りかけながら、重いドアを開けて出迎えてくれる。中に入り、螺旋《らせん》状の階段で2階のレディース売り場へ颯爽《さっそう》と向かう。広々とした売り場で、ソファに座りながら春物のコートとワンピースを物色。

トレードに集中していると、食事を取るのも忘れてしまう。おかげで、体重が3キロ減の39キロにまで落ちた。と言っても、もともと小柄なので、拒食症のような痩せ方ではない。24インチのスキニージーンズをはくと、いまだにベルトの上にぽてっと乗っかった腹の肉が気になるし。昔から、どんなに痩せてもウエストだけは細くならない。若い頃は、外国人の女の子はどんなに太っていても堂々とふくよかな腹を見せびらかしている、とむしろ若さの象徴だと思ってきたのだが、31歳ともなると、もはやそれはただの怠慢の象徴としか見られない。痩せたおかげで、以前は体のラインが気になってどうしても着られなかった細身のワンピースにもチャレンジしたくなる。

「お客様、細くてとてもよくお似合いです」

スラッとしたモデル体型の店員が、愛想よく話しかけてきた。

「どう？　この色。似合う？」

鏡を見ながら、省吾に意見を求める。

「ん〜。サイズは合ってると思うんだけど、色がね。サラの肌だったら、こういう淡いベージュ色だと地味になっちゃうんじゃない。もっとはっきりした、こっちのオレンジ色とかのほうが似合うよきっと」

手渡されたオレンジ色のワンピースに着替えることにした。

「ほら。断然こっちのほうが似合う。サラみたいに小柄な人は縦のラインを強調したほうがいいしね。これにしなよ」

「そうですね。先程のベージュより、こちらのオレンジ色のワンピースのほうがお似合いです」

さっきベージュが似合うといったモデル風店員が、白々しい褒め言葉で取り繕う。ただし、視線は私のほうではなく省吾へと向いていた。上目遣いで、女オーラを発していたのを見逃さなかった。

私と省吾が並んだ時、一体どんな関係に見られるのだろう。ふとそんな考えがよぎった。もしかしたら、カップルにしては釣り合いが取れないのかもしれない。客観的に見ても、省吾の外見はとてもいい。脚も長く、体は適度に鍛え上げられているのが服の上からでもわかるくらいスタイルが良い。小型犬のようにつぶらな瞳と、つるんと剝《む》いたゆで卵のような肌質。年齢は一つ下なのに、私よりずっと若く見える。男らしい体つきと中性的な顔立ちとのギャップがまた、人の視線を引きつけるのだろうか。

さらに目を引くのがファッション。家ではスウェット姿しか見ないから気づかなかったけど、出かける時は、シンプルだけどそれなりに見栄えのする格好をしている。自分に似合う服を知り尽くしているみたい。だから、私にも絶妙なアドバイスができるわけか。

そういえば、一緒に歩いていても、振り返ってひそひそ話をする女達に度々遭遇した。この店員も、省吾のルックスに心を奪われてしまった一人なのかもしれない。彼氏でもなんでもないただの同居人なのだけど、そんなイイ男に買い物を付き合わせているだけではなく、この後同じ家に帰るのだ。そう考えると、優越感を感じずにはいられなかった。

省吾のアドバイス通り、オレンジ色のワンピースを1着、そしてトレンチコート、ワンピースに合わせた靴を色違いで2足買って店を後にした。

6月1日

本日の成績、マイナス340，000円。

夜10時@溜まり場

「オーナー、今日はカレーじゃなくて唐揚げにしようかな。それと野菜スティック」

今日は、最初からビール気分。ＰＣでチャートは監視するけど、ここに来る前に一日の撤退ラインに到達してしまったので、今晩のトレードは禁止。気分を変えようと、一人で溜まり場に遊びに来たのだ。トレードはしなくても、つい癖でＰＣを広げてしまう。そうしないとどうも落ち着かないみたい。グラスに注がれたヒューガルデンホワイトを、３口目に流し込む。フルーティで苦味が少なく、濃い味付けのヘビーな揚げ物がよく合う。運ばれてきた唐揚げを早速頬張る。

「ん〜。美味しい。やみつきになるね。なんでこんなにお肉がしっとりしてるんだろう。隠し味は？」

「教えないよ」

「え〜。じゃあ当ててみる。お酒かな」

「入ってるけど、それ隠してないし」

「あ。そうか。じゃあ、生姜《しょうが》？」

「それも隠れてないよね。絶対わかんないよ。普通の唐揚げより小さいでしょ。女の子が上品に一口で食べられるようにしてんの。優しいでしょ」

得意げな笑みを浮かべながら、オーナーはさらりと言った。結局隠し味は教えてもらえなかった。

「夜中にＰＣ広げてお仕事ですかあ？　熱心だねえ。何やってるの？」

隣に座っていた中年太りの男がロレツの回らない口調で声をかけてきた。脂でてかった顔をこちらに向けながら、グラスに注がれたシャンパンを一気に飲み干す。完全に酔っ払っているようだ。

「トレードですよ」

「へ〜株やってるんだ。どう？　儲かってる？」

「株ではなくて為替ですよ。なんとか生活できるくらいは頑張ってます」

「生活できるくらい稼いでるって、あんた、それで生活してんの？」

「まあ。そうなります」

男は、へえと驚いた顔を見せた。酔っ払って赤くなっていた顔が益々赤みを増してくる。こんな若い小娘が生意気に相場で飯食ってるだって？　と言いたげな目をしてこちらを上から下までジロジロ観察する。厄介な男に引っかかったなと思ったが、時すでに遅かった。しかも、初対面であんた呼ばわりするなんて。オーナーに目配せしたのに、なかなかこちらに気づかない。その男は、ちょっと皮肉っぽい言い方でこう続けてきた。

「そんなに稼げるんだったらさ、僕のお金も運用してよ」

「いやあ。人様のお金はできないですよ。プレッシャーかかるんで」

軽く受け流す。オーナーは、私のアイコンタクトにまだ気づかない。男は、手に持っていたシャンパングラスをテーブルに置き、今度は頬杖をつきながら斜に構えて説教を始めた。

「お金はねえ。汗水流して稼ぐもんだよ。そんなＰＣなんかでちょこっとキーボード叩いて稼いだお金なんてね、絶対身につくわけない。そんなに儲けても、あの世までは持っていけないんだからね」

その言葉を聞いた瞬間、その男を睨《にら》む代わりに、思いっきりオーナーを睨んでやった。なんで気づいてくれないの。全く。酔っ払っているからって、どうしてこんな小太り脂男に、そこまでひどいことを言われなきゃならないわけ？ まるで守銭奴扱い。今日はただでさえ負けてむしゃくしゃしてるってのに。悪いことは続くもんだなあ。

ブチ切れて、持っていたグラスのビールを男の頭にぶっ掛けることを想像しながら、顔ではニコッと満面の笑みを作り、こう答えた。

「ええ。もちろん。あの世まで持っていく前にしっかり消費して、社会活性化のために貢献させていただきますから。ご心配なく」

でも、改めて思った。これが一般的な人の見方なんだと。トレードの本質を知らない人にとって、トレーダーなんて、所詮ゲーム感覚でパソコンにしがみつく銭ゲバぐらいのイメージなのだ。汗水流して働いてこその対価が金なのだ！ って言うけれど、私、汗水流してない!?

確かに、莫大な資金力を持つ富裕層レベルになると、金利だけでも十分な利益が得られ、それこそ楽して不労所得が得られる錬金術師のような投資家も中にはいる。でも、私のような素人がそのレベルに行き着くまでには、毎日地道に検証作業をしながら、膨大なデータを取り、手に汗握ってチャートと格闘しなければならない。そうした努力の末に、ようやくマーケットからおこぼれを頂戴するのだ。これは、立派な労働所得だ。その上、さらにマイナスというリスクも伴う。

それにしても、『楽して稼いだお金なんて絶対身につかない』という言葉が頭にこびりついて離れない。前から少しは感じていた、どこか後ろめたい気持ちを突かれたような嫌な気分。まったく、縁起でもない。まるで黒魔術でもかけられたか、嫌な出来事が起こる前兆のような気がして気味が悪い。

7月1日

銀行の預金残高5000万円突破。今年に入り、トレード成績は、すでに3000万円を超えていた。FX取引口座と合わせると合計8000万円。1億の大台まであと一歩だ。とはいっても、今年稼いだうちの半分は、税金に持っていかれるのだけれど（※2012年以降は税制改正により、一律20％の課税へ変更）。

月ベースでマイナスになってしまうこともあるけど、トータルでプラスにできている。金額はこれだけ達成できていれば満足過ぎるくらいなんだけど、もっと収支が安定してくればなおよし。週間ベース、日ベースでマイナスをなるべく作らないこと。それが当面の課題だ。大きな含み損を抱えるようなミスさえしないで、淡々と利益を積み重ねていけば、安定した利益が出せる、ということもようやくわかってきた気がする。

淡々とトレードする。そうだ。以前より動揺せずにトレードできるようになったな。やっとトレーダーらしくなってきたってことだろうか。トレードと向き合う気持ちが、無意識に変わってきているのだと初めて自覚した。

5000万円突破記念にバッグを買うことにした。3ヶ月間悩んでようやく購入を決断した、シャネルのマトラッセ。ブランド品なんて、せいぜい財布くらいしか持ったことがなかったし、興味すらなかったけど、やっぱり持っていると気分がいい。外に出かけたくもなるし、それに似合う服もまた欲しくなる。そして車も買った。BMWの小さくて可愛らしい赤い車。出不精で、引きこもり同然なニート生活と決別する良いきっかけになるはずだ。

7月20日

スパ&エステ@マンダリン オリエンタル東京

ミキがトレードで稼げるようになったお礼に連れて行ってくれた。ついでにネイルも。近所の銭湯もいいけど、ホテルのスパも素敵。まず、ヒート&ウォーターエリアと呼ばれる展望お風呂でゆっくり体を温める。都内の絶景を眺めながら入るお風呂は、開放的で爽快だ。まるで本当に天空に浮かんでいるかのよう。

次に、幻想的なBGMが流れ、アロマオイルの香りが広がるトリートメントルームへ。

110分たっぷりと、頭の先から足の指先まで丁寧にマッサージしてもらう。アロマオイルが肌にすーっと浸透していくのがわかる。あまりの気持ち良さに途中から意識が飛んでしまった。

施術後、マッサージの余韻に浸りながらゆっくり体を起こす。火照った体をソファに預け、ローズヒップのハーブティーとシャーベットをいただく。マガジンラックからファッション誌を選び、パラパラとめくりながら読もうとするのだけれど、ミキとの話につい夢中になってしまう。

「ミキって髪の毛いつもつるっつるだよね。ヘアサロンどれくらいの頻度で通っているの？」

「ほぼ毎月かな。カラーにトリートメントにパーマでしょ。それにネイルとまつげエクステ。エステも3ヶ月に1回かな。週末はメンテナンスでマジ忙しい。あ。それとフォトフェイシャルもやってる」

「くう。そりゃあ差がつくはずだわ。美は努力して保たれるものなのね。私なんか、ヘアサロンは3ヶ月に1回しか行かない。パーマとヘアカラーとトリートメントを4時間かけて一気にやってもらうの。ネイルだって、今までしたこと一度もなかったし。こないだ初めてブランドバッグ買っちゃったってはしゃいでる私の贅沢なんか可愛いもんだね。女磨きは趣味でやらないと絶対続かないな。彼氏がいたらどうすんの？　それじゃあデートする暇もないじゃん」

「ああ。私、そんなに束縛しないし、されたくないから、相手にも好きに楽しんでほしいかも。買い物も一人でするし。あとねえ。言ってなかったけど、私結婚相談所に登録したから。忙しくて、これからトレードあんまりできなくなっちゃうな」

聞きなれない単語がミキの口から突然飛び出してきた。

「ちょっとちょっとお。急に置いてかないでよ、もう。でもミキがなんで相談所？　そんなことしなくても、出会いに困ってないくせに」

「いやいや。結婚相談所もあなどれないよ。私が登録したところは、登録料だけで年間60万円。医者、弁護士限定で紹介してくれるの。なんかさ、思ったんだけど、相談所って、知り合う前にプロフィール見るわけじゃん。家族構成とか年収とか、聞きづらい情報が事前にわかるの。だから、回りくどくないっていうか、手っ取り早く本題に入れるわけ。それって、すごく有り難いと思わない？　しかも、そこそこ高い相談所だと、それなりにいい感じの人がいっぱい登録してる。私、早速会う約束しちゃったもん」

ミキの口から出てくる、その未知なる世界の話を聞いているうちに、すっかり興奮してしまった。気持ちを落ち着かせるために、ハーブティーをゆっくり口に運ぶ。

「ミキってさ。ある意味、賢い投資家だよね。ハイスペックな男というハイリターンを得るために、エステ行って女磨きして、お金かけて相談所に投資するってそういうことでしょ。商品価値、つまり自分の売りや武器もちゃんとわかってるし。もしかしたら、一番堅実で見込みの高い投資方法かもしれないよね」

「やっだ〜。やっぱりそう思う？　投資した分しっかり回収できるように、次のデート気合い入れて頑張るから」

目をキラキラと輝かせながらそう言うミキは、自信と希望に満ち溢れていて、まるで後光が差しているかのように眩《まぶ》しく見えた。

8月1日

トレードパーティ@ザ・リッツ・カールトン東京のスイートルーム

今日は、玲子ママが主催するトレーダー女子会。胸元にビジューがついた黒のワンピース。他の人はみんな年上らしいから、露出は控えめに。そしてなるべく目立たないように。

ザ・リッツ・カールトン・スイートと呼ばれるその部屋は、ホテル最上階の53階、特別フロアにある。300㎡という贅沢な広さ。一泊210万円もするらしい。窓からは、皇居外苑と新宿エリアの眺望が楽しめる。

ラグジュアリーなダイニングテーブルやソファなどの家具が置かれたリビング&ダイニングルームに、キングサイズのベッドが置かれたベッドルーム、ゆったりとしたジャグジーバス。壁には優美な絵画が掛けられている。そしてシャンデリアの光に照らされたダイニングテーブルには、キャンドルと冷やされたシャンパンが置かれている。その豪奢過ぎる非日常的な空間に、ただただため息が出た。ちなみに今日は会費なし。全部玲子ママの自腹ですって。

トレーダー女子会のメンバーは、玲子ママ、ゆかママ、恵子、美咲、そして私の5人。ゆかママは専業主婦トレーダーで整形外科医の妻、恵子は職業ヘッドハンターの兼業トレーダー、美咲はシングルマザーの初心者トレーダー。

ゆかママが気を利かせてグラスを全員に配り、シャンパンを注いで歩く。

「今日は、大好きなみなさんがこうして集まってくださってとても嬉しいです。楽しく飲んでこの空間と素敵な夜景を満喫しましょうね。乾杯」

玲子ママはグラスを高く掲げながら、乾杯の音頭をとった。

「サラちゃんは恵子さんと美咲さんとは初対面？　私は確か、二度目よね」

おしゃべり好きのゆかママが輪の中心となり、積極的に話しかけてくる。

「はい。ゆかママとは二度目……」

はっとした。そうだ。去年のオフ会で、玲子ママには気をつけたほうがいいと私に耳打ちしてきた彼女だ。私には気をつけろと言いながら、自分はちゃっかり玲子ママの側近状態になっているなんて。女の世界って恐ろしい。他の二人も、腹の底では玲子ママのこと、どう思っているんだろう。広いダイニングテーブルの下で火花が散っているのだろうか。私がその中の唯一の傍観者になったつもりで、4人の顔をキョロキョロと見比べた。

「玲子ママは42歳でしたっけ。じゃあ私の一つ上ね。美咲さんと恵子さんは私と同い年だったかな、確か。知ってます？　40歳前後の年代の私達みたいな人を、今アラフォーっていうらしいですよ。ちなみにサラちゃんはアラサーね」

ゆかママは、ダイニングテーブルに座るやいなや、年齢の話をし始めた。さり気なく玲子ママより若いアピールをしながら。私は、とっさにフォローのつもりで言葉を返す。

「あー、でもほら。みなさんアラフォーになんて全然見えないですよ。すごく若い。ゆかママは、会う度にどんどん若返っていくみたい。何か特別なことでもやってるんですか？」

まずい。「特別なこと」って、言ってしまった。整形ですか、って質問だと思われたらどうしよう。すると、ゆかママは当然と言わんばかりにこう言ってのけた。

「やっぱりわかる？　実はここだけの話、金の糸入れちゃったの。頬とこめかみと額、それと首、デコルテにも。シワやたるみに効くのよ。うちのパパ、腕だけはいいみたい。費用はね、それぞれのパーツが30万円くらいだから、全部でだいたい１００万円あればできるかな。サラちゃんもあと３年後くらいに考えなきゃね」

ゆかママは椅子から立ち上がると、左手を腰に当て、どうよ私、といったふうなポーズを決めた。他の３人は、金の糸の効果に興味津々で、失敗しないのかとか、効果はどれくらい続くのかとか、質問攻め状態。ゆかママの効果を目の当たりにしたら、大金はたいてでもやってみたくなるのも当然だ。

取り分けられたローストビーフをいただく。付け合わせのホワイトアスパラガスが柔らかく、とてもジューシーで絶品。

「そういえばサラちゃん、最近どうなの。彼氏はできた？」

玲子ママお決まりの尋問が始まった。

「ん〜。彼氏はまだ……。一瞬いたんですけどね。すぐ別れちゃいました。今は、男じゃなくてペット……みたいなものと同居中です。そういえば、日吉さんはお元気ですか？」

その名前を口にした瞬間、ちょっと懐かしさを感じた。それ以上の感情は一ミリも湧いてこなかった。すると、玲子ママの返事を待たずに恵子がいきなり話に割り込んできた。

「え？　サラさん、今、日吉さんって言った？　あの不動産やってる日吉さんのこと？　サラさんも知り合いなんだ」

「ええっと。はい。知り合いってほどでもないんですけど、玲子ママに紹介されて2回デートしただけですよ。一昨年だったかな。もうだいぶ前ですけど」

「え〜。やだ〜びっくり。玲子ママ、サラさんにも日吉さんのこと紹介してたの？　私が紹介されたのも一昨年よ。一昨年のいつ？」

驚いた様子で恵子がしつこく問い詰めてくる。

「あーごめんごめん。日吉さん、恵子さんに振られて落ち込んでたみたいでね。誰か紹介しろってうるさくて。私がサラちゃんと知り合って何ヶ月か経ってからだから、確か10月頃だったっけ。懐かし〜。それで、結局恵子さんはなんで付き合わなかったんだっけ？　いい人だと思うんだけど。お金持ってるし」

あっけらかんと玲子ママが答える。恵子に振られてって。まさか、あの髪の毛、恵子のもの？　忘れもしない、日吉の家の、バスルームのシャンプーボトルに張り付いていた、あの長くて茶色い髪の毛。まさか。と、恵子の髪の毛に釘付けになる。

「確かにお金は持ってたけど、ぶっちゃけタイプじゃなかっただけ。話も合わなかったし。でも、向こうにやたら気に入られちゃって、会社まで花束持ってこられた時にはさすがに無理って思った。サラちゃんは？」

うわ。この人、なんてはっきりモノ言う人なんだろう。

「彼、良い人でしたけど。でもちょっと変わってましたよね。それに……」

整形について言いかけたけれど、紹介してくれた玲子ママに悪いと思い、それ以上話さなかった。まさか二股疑惑の相手が恵子？　もうとっくに終わった話だとはいえ、すごく気になってしょうがない。別に男を取り合ったわけでもないのに、一つのものを分かち合ったような、変な親近感が湧いてきて、可笑しくなった。もうちょっと仲良くなったら、こっそり聞いてみよう。

「サラちゃん、早くステキな人見つかるといいわね。でも、そのためには、もうちょっと男ウケしそうな格好したほうがいいんじゃない？　今日の服。黒なんて着てたら、男の子も寄ってこないわよ。サラちゃんの顔立ちは、黒でも地味にはならないけど、ちょっとキツい感じがする。もっとほら。ふわっとした可愛い感じのほうがいいわね。そうだ。来週お買い物行きましょう。私がコーディネートしてあげる」

今日は、わざと控えめな黒を選んできたんだけどな。そう思いながら、玲子ママの言うがままに、来週買い物へ行く約束をした。

しばらくして、酔いが回ったのか、玲子ママがこんなことを言い出した。

「そうだ。ねえ。面白いゲームをしない？　みなさんPCは持ってきてる？　雇用統計が10時半に発表されるでしょ。発表を合図に、そこから1時間の間にみんな一斉にトレードをするの。一番稼いだ人がドンペリ奢りね。ＰＣがない人は、これを使って。あとは、携帯でも取引できるかしら」

「え～。負けた人が奢るんじゃないの。ホントは」

とゆかママが膨れてみせる。

そうだ。しまった。すっかり忘れていた。今日は第一金曜日だから雇用統計の日だったんだ。私も以前はやっていたけど、一度大きな失敗をして以来、やっていない。頭に血が上って冷静な判断ができなくなるような博打《ばくち》トレードはやらないことに決めたのだ。あんなにビュンビュン値動きが激しくなる時に攻めるなんて、暴れ馬に振り回されて、頭っから地面に叩きつけられるようなもの。しかも、酔トレはしないってルールで決めてるのにシャンパンのせいでほろ酔いだし。それにあともう一つ大事なルール、これだけは絶対、何があっても破れない。それは、〝ゲーム感覚でトレードしない〟こと。トレードする時は、いつも真面目かつ真剣に取り組むこと。そうしないと、相場の神様に愛想をつかされると本気で信じているから。

「面白そうですね。私乗った」

ゆかママがノリノリでレートをチェックし始める。

「さて。10分前よ。みなさんスタンバイして。さあ、どっちに行くと思う？」

玲子ママが置き時計をダイニングテーブルに置く。５人全員ＰＣの前に座り、その世界時計に注目する。ニューヨークは今、午前9時20分。

「私は、買いかな。ずっと下げてたからそろそろ好結果に反応してもおかしくないと思うんだけど」

先程からほとんど言葉を発していなかった美咲がぼそっと呟《つぶや》く。

「じゃあ、私は売りで」

「え〜。玲子ママが売るなら私も売る〜。入ったらすぐ言ってね」

ゆかママが甘えた口調で首を横にしながら言う。

5分前。3分前。1分、30秒……。5、4、3、2、1。

「お。上にぶっ飛んだ。買いか？　まだわかんないね」

「キャ〜。みんなで見ると興奮する〜」

「でも、みんなで見てると、意見が分かれるから惑わされるね」

そうそう。だからやめたほうがいいって……。

「私ショート入った」

「え。んじゃ私も」

「えーもう入ったの？　早くない？」

「逆行ったらすぐ切るから大丈夫」

下落すると見込んだ玲子ママが、先陣を切ってショート・ポジションを持つ。すると、どうやら私以外の全員が、玲子ママにつられショートしたらしい。

指標発表から数分間、大きく上昇したり下落したりと乱高下がしばらく続く。それを見ながら、「いやー。上に行かないで〜」「下げろ〜」と、PCに向かって叫んだり、祈ったり、お祭り騒ぎになる。

20分後、またもや玲子ママが口火を切る。

「よし、買い戻した」

「じゃ私も決済」

「私はもうちょっと持ってようかな」

「私は、もうとっくに切っちゃってた」

結局、11時手前に大きく下げ、私以外、全員プラスでトレードを終えた。

「サラちゃんは？　エントリーしなかったの？」

「そうなんですよね〜。なかなかタイミングが合わなくて。ごめんなさい」

「そっか。で、結局一番多く取れたのは、最初にエントリーした私かしら。やだー。もう。言い出しっぺが払うなんて、フェアじゃないわ」

玲子ママは、苦笑いをしながら、自らドンペリをオーダーし、皆に振る舞った。

「でも玲子ママ、さすがですね。あの瞬発力と判断力。天才的！」

「生で玲子ママのトレードを見られるなんて今日はラッキーだわ。しかも、真似っこして勝たせてもらえるなんて」

「ホントですよね。やっぱり本物は違うわ。ファンドにヘッドハンティングして正解」

「え。玲子ママ、恵子さんにスカウトされたの？」

「ああ。言ってなかったっけ」

「私、恵子さんに誘われて、今年の春から、香港のヘッジファンドでディーラーやってるの。

自己資金でもちょっとやってるんだけどね。ファンドのほうは、50億円の資金を運用させてもらってる。もちろん完全歩合。月の利益から30％もらえるんですって。50億円で5％の運用益でも2億5千万円。そこから30％だから7500万円。まあ、悪くないわよね。失敗しても自分のお金が減るわけじゃないし。少々額が大きくなって、プレッシャーが心配だけど、チャレンジする価値はあると思うわ」

ヘッジファンドと聞いて、背中がゾクッとした。得体のしれない、相場を操る影の集団。そんな想像が頭をよぎった。同時に、目の前の玲子ママも、その得体のしれない何者かに見えてしょうがなかった。対照的に、みんなは羨望《せんぼう》の眼差しで玲子ママを持ち上げる。

「玲子ママが運用するなら、私もお金預けたいわ、そのファンドに。恵子さんのコネでなんとかならないの？」

美咲さんが懇願する目で訴えた。

「さあどうでしょう。でも、ミニマム大きいですよ。1億円とか。大口顧客専門のファンドだから。でも、ママの知り合いだから500万円からでもできるかも」

「それくらいなら許容範囲内よ。私、去年のサブプライムショックで結構やられてから自信なくしちゃって。自分でトレードするより誰かにやってもらいたかったの」

そう告白した美咲は、今すぐにでもお金は用意します、と言いたげな様子だった。

「やっぱり玲子ママは次元が違うわね。女ジョージ・ソロスになっちゃうかも」

8月8日

玲子ママと買い物@代官山

「青木様。いつもありがとうございます。今日は何をお探しですか？」

玲子ママ行きつけのセレクトショップに来ている。海外のハイブランドばかりを集めた広々とした空間に、客は私と玲子ママの二人のみ。

「今日はこの子に似合う服を選びに来たの。ええっと。これとこれ、着てみて。サラちゃん」

ものの5分で3着選んで店員に手渡す。胸元のカッティングが大胆な派手柄ワンピースと、体のラインがくっきり出るロイヤルブルーのタイトスカートワンピース。それと、9センチピンヒール。一体どういうシチュエーションで着ればいいのだろうか。

「ほら。やっぱり似合う。サラちゃん細いし、胸もちゃんとあるんだから、今のうちにこういう服着なきゃ。とってもエレガントでステキよ」

着慣れない服は、素っ裸を見られるのと同じくらい気恥ずかしい。絶対自分では選ばないような大人服。でも、なんだか別人になれたようで妙な興奮を覚える。

「気に入った？　じゃ。決まりね。これ全部頂戴」

玲子ママは、店員に指図しながらせっかちにカードを手渡す。

「え？　ダメです。自分で払いますから」

慌てて玲子ママのブラックカードの上から自分のカードを差し出そうとするが、玲子ママはそれを阻止し、強引に会計を済ませた。会計総額18万円。

「いいのよ。誘ったのは私なんだから。それより外は暑いわね。喉が渇いたわ。お茶でも行きましょう」


買い物を済ませ、外に出る。玲子ママの甘い香水の香りが、熱気で強烈に鼻につく。

「ところでサラちゃん。こないだの女子会で、みんなでトレードしたでしょ。あの時、わざとトレードしなかったんじゃない？」

席につき、注文を終えるなり、悪戯《いたずら》っぽい目で私を見つめながら、玲子ママが尋ねた。

「はは。バレてました？　私、お酒飲んでいる時と、指標発表前はトレードしないって決めてるんですよ。前に失敗したことがあるんで」

「そうなんだ。さすがね。サラちゃん。普通ああいう時って、みんな見栄張って、勝負したがるのよね。トレードやる人は、みんなギャンブル好きっていうか、勝負事は燃えるからゲーム感覚で参加するものじゃない。私が思うに、あそこにいたメンバー、きっとトレードで負けている人達ね。みんな私のマネしようとしてた。ああいう人って、いくらやっても勝てないわ。雰囲気に流されて、自分の信念をコロコロ変えちゃうような人も絶対勝てないわよ」

玲子ママも私と同じこと考えてたんだ。嬉しくなった。

「サラちゃん。昔に比べて、だいぶトレーダーらしくなったというか、意識が全然違うように見えるわね。顔つきも変わってきたみたい。自信に溢れてるっていうか。ひょっとしてもうとっくに億超えてるでしょ」

ドキッとした。稼いだ金額をストレートに聞いてきたのは、玲子ママが初めてだったから。

「誰にも言わないでくださいね。実は、今年ようやく達成できたんですよ。今、トレードはものすごく順調です」

「凄いじゃない。じゃあ、納税も大変ね。私、いい税理士紹介してあげる。元国税局の人だから、いざというとき頼りになるわよ。木村先生っていうんだけど、とってもお酒が好きな先生なの。一緒に飲みに行くといいわ。節税の仕方とか教えてくれるから」

「ホントですか？　助かります！　何から何までお世話になりっぱなしですいません！」

「あとはね、サラちゃん。稼いだお金を貯めるのもいいけど、どんどん使ったほうがいいわ。自分磨きはもちろんだけど、人にご馳走したり、経済の活性化に貢献すると思って、ぱーっと使っちゃいなさい。使った分だけ、自分に返ってくるんだから。ハイクラスの服を着て、ハイクラスな人が集まるところに出向く。そうすれば、色んな人脈も増えるでしょ。お金持ちの彼氏もすぐ見つかるわ。そうやって、自分のステージを上げていくのよ」

自分のステージを上げるだなんて、想像もしていなかった。

「でもね、玲子ママ。私、お金持ちの彼氏とか、正直あまり興味がないんですよね。お金は自分で稼げばいいし」

「私の旦那みたいに主夫やってくれる人でもいいかもね。でもサラちゃん。自分がもう稼げちゃってるんだから、気をつけなきゃダメよ。お金目当てに色んな悪い人が寄ってくるんだから。

しっかり両目を見開いて、信じられる人かどうか判断しなきゃダメ。その代わり、結婚したら、片目はつぶらなきゃダメよ。全部見ちゃったらロクなことにはならないんだから。バツ2の私が言っても説得力ないわね」

新しい服を身にまとい気分も高揚している。少し玲子ママのいる世界に近づけた気がした。

9月12日

米ドル円は100円割れ目前の105円台に突入。株価も為替も軒並みサゲサゲ状態。このところ、世界的に経済が悪化しているせいか、例年にはないボラティリティ（価格変動率）がずっと続いている。現在英ポンド円をショートし、150万円のプラス。去年のサブプライムショックよりも強力だ。

9月13日

アメリカに住んでいる省吾の従兄弟《いとこ》が我が家に居候中。しかも3週間も。彼は完全にゲイ。ゲイの献上物はわかりやすい。ディオールの化粧品とか、ハンドクリームとか。

9月15日

リーマン・ブラザーズがついに破綻したとニュースで大騒ぎになっている。史上3番目の規模みたい。メリルリンチはバンク・オブ・アメリカに買収されるし、米経済は爆発寸前。この勢いだと、また、4月以来の米ドル円100円割れもあるんじゃないかな。

9月16日

午前中のトレードが終わり、昼寝しようと思ってベッドに入った矢先、電話が鳴った。ゆかママからだった。

「もしもし」

「もしもしサラちゃん。ゆかです。こないだはお疲れ様。楽しかったね」

「あ。はい。とっても。また飲みましょう」

「ぜひぜひ。最近トレードの調子はどう？　なんだか米ドル円が下がってきてるけど。もうちょっと下がったらちょっと買ってみてもいいかなと思ってるんだけどどうかな」

「あ。私さっきトレード終わったばっかりです。まあ、ボチボチやってますよ。でもどうですかね〜。100円の節目割れだから、ここからもっと下げてもおかしくないと思うんですけど」

「そっか。じゃあ様子見しようかな」

どうやらゆかママは、人の意見を聞いて、コロコロ相場観を変えるみたい。

「そういえばさ。こないだ美咲さん、トレードで自信なくしてって言ってたでしょ。離婚する前は、旦那さんが社長でいい暮らしさせてもらってたみたいだけど、姑《しゅうとめ》と反りが合わなかったって。それで、子供の養育費と慰謝料を一括で払ってもらったみたいなの。自営業者だから、いつ倒産するかわからないでしょ。だから、分割よりちょっと少ないけど一括にしてもらったのね。その慰謝料から玲子ママのファンドに突っ込むんですって。だいぶ切羽詰まっちゃってる感じだったじゃない。心配よね」

またゴシップか。どうでもいい話を延々と聞かされて、せっかくの眠気が吹き飛んでしまった。

9月27日

結局今週は、方向感のない動きで行ったり来たりのレンジ止まり。リーマン・ブラザーズ破綻のニュース直後の数日は荒れたけど、今週は硬直状態。暴落期待の大相場狙いでショートポジションを仕込んだのに、完全に的はずれだった。今週はマイナス60万円。

憂さ晴らしにIKEAまで行ってきた。ダイニングテーブルを買おうと思ったのに、買ったのは植物やらキャンドルのみ。散々迷路のような店内を歩かされた挙げ句、大行列のレジにたった3つのキャンドルを持って並ぶなんてあり得ない。どれだけ効率の悪いショッピングなんだろう。

10月9日

晩ご飯、グリーンカレー。ドン・キホーテで買った缶詰のカレーを鍋に入れ、鶏肉と一緒に煮詰めるだけ。お金はあっても、男がいないとやっぱり食生活は雑になる。大好きな彼氏のためなら腕を振るって一生懸命料理の一つでもこしらえるのだけれど、一人で取る食事は、口に入って空腹が満たされれば、なんだっていい。どうせ、チャートをおかずに食べるだけなんだから。

トレードは、今日もずっとショート攻め。順調に含み益を増やし、一時180万円まで行ったのに、まさかのストップを食らい、マイナス30万円に大逆転。何がいけなかったんだろう。粘り負けか。いやいや、狙いは間違っていなかったはず。3日連続こんな負けを食らっている。それほど乱高下が続いているってことなんだけど。方向感が出るまで、しばらく様子見でいこう。

10月15日

省吾の好物は手羽先とキャラメルコーン、そして500ミリリットル入りのいちごミルク。見ているこっちが胸焼けしそうになるくらい、甘いモノしか口にしない。最近、週末はほとんど留守にしている。金曜日の夜に出かけて、土曜日か日曜日の夕方に帰宅することが多い。たまに家を訪れる男友達の家に行っているというが、本当のところはわからない。もっとも、干渉するつもりも詮索するつもりもないし、何をしようが彼の自由だ。最初に決めた女禁ルールさえ守っていればそれでよいのだけど。こないだ、

「最近週末家にいないけど、女でもできた？　それとも男でもできた？」

と冗談で言ってみたら、

「どっちでもないよ。今、自分のことで精一杯で作るつもりもないし」

って言ってたけど、本音だろうか。今は余裕がないから特定の相手は作らないけど、遊びだけの相手ならいるよ、とも解釈できる。

人のことはどうでもいいから、自分のこの枯れた生活をどうにかしなきゃ。

10月16日

新宿伊勢丹で買い物。黒のエナメルロングブーツと、スエード素材の茶色のショートブーツ、

そしてグレーのパンプスを購入。22・0センチ、甲高幅広の、私の足に合う靴を探すことは、鉱山でダイアモンドを発掘するくらい難しい。なので、合う靴があったら即買い。今日は、奇跡的に3足のお気に入りに巡り合うことができた。すごくラッキーな日かも。

10月22日

ついに再び米ドル円が100円割れした。今度こそ、大きな暴落になるんじゃないかと思い、ショートエントリー。30分で決済、300万円ゲット。先週負けた240万円分を一瞬で取り戻せて、ひとまず安堵。

10月23日

リーマン・ブラザーズの破綻から約1ヶ月、100年に一度ともいえる記録的なクロス円の大暴落。世界的な信用不安により、行き場をなくした資金が消去法的に円に流れ、それまで残っていた円の買いポジションが一気に巻き戻される。米ドル円を始めとするクロス円通貨は、投げ売りに次ぐ投げ売りでマーケットがクラッシュ。歴史的な大暴落となる。

10月24日

たった10分で2円も下げるなんて。夢でも見ているのだろうか。マーケットが崩壊。歴史的大暴落。大惨事。パニック。不安をさらにあおる用語が次々にニュースで飛び交う。去年のサブプライムショック以上のインパクトだ。もう何がなんだかよくわからない。

米ドル円が90・92円まで下げた後、急激な戻しになり、94円まで上げた。なんなんだ？　こんなジェットコースター相場では、集中力が大事だ。かろうじて平常心を保ちながらなんとか逃げ切り、6円の利幅を取ることができた。3日間で1800万円の利益。自己新記録更新。

PCを閉じ、コーヒーを飲みながら、一息つく。3日間で1800万円。改めて振り返っても、とんでもない数字だ。よくここまできたものだと我ながら感心する。トレードを始めたばかりの2005年。1000米ドルのロットで一日100円、200円とお小遣いを稼いでいた頃が懐かしい。

あの頃のヒロを、トレーダーとして超えられただろうか。振られた傷がとっくの昔に癒えたからだろうか。今は、懐かしさとFXの世界を教えてくれたことへの感謝の気持ちしか残っていない。

10月28日

日経平均株価、一時7000円台を割り込み。1982年以来の最安値を記録。

先週、大きく勝てたのはいいけれど、その後は往復ビンタを食らって損切りする日々が続いている。今週は今のところマイナス180万円。以前ニュースで見たB・N・F氏という株トレーダーは、昨年末からすでに25億円稼いで、総資産219億円。秋葉原駅前のビルを90億円で1棟買いしたとニュースで話題になっていた。

10月29日

午前9時。「おっはよう〜」朝っぱらからごきげんなミキがトレードをしに訪ねてきた。昨晩、深夜を過ぎた辺りから、一気に相場が吹き上げた。ここ3ヶ月間で、地獄の底まで暴落し続け、失望感ばかりが漂う中でのこの急騰。またとないチャンスとばかりに、夜通し相場に張り付いていた。朝日が差し込む中、つい1時間前に深い眠りについたばかりだというのに、ミキに叩き起こされたのだ。

「昨日、夜中すごい動いていたみたいだね。トレードしたの？　そりゃあするよね。私、仕事で疲れていたからさ。チャートも見ないで寝ちゃったよ」

ミキは、そう言いながらリビングのソファに腰を下ろし、バッグの中からノートPCを取り出す。ログインした直後、「ぎゃあ」と大声を張り上げた。明らかに様子がおかしかった。ひどく動揺した様子で、もともと大きな瞳を2倍に広げて叫んだ。

「なんで。どうなっちゃってんの。わけわかんない」

わけわかんないのはこっちだ。そう思いながら、差し入れのゴディバのコーヒー粉をコーヒープレスに入れ、沸騰したお湯を注ぐ。繊細に挽《ひ》かれた豆にお湯が注がれると、ヘーゼルナッツの香りがキッチンからリビングへと立ちこめる。カップにコーヒーを注ぐ。香りを堪能しようと、鼻で大きく息を吸った。

あたふた落ち着かないミキにコーヒーを差し出しながら、ゆっくりミキの隣に腰掛けた。

「何。どうしたの」

「これ見て。お金が増えてるの。間違いかな」

PC画面を覗き込むと、取引画面がそこにあった。

建玉数量　ユーロ円20ロット（20万ユーロ）
口座資産　527，664円
建玉評価損益　1，005，830円
時価評価残高　1，533，494円

それを見た瞬間、口に含んでいたコーヒーを吹き出してしまう。慌てて口を塞《ふさ》ぐが間に合わない。近くにあったティッシュでそこら辺を拭いた。

「えー。何これ。20ロットで約100万円の含み益ってどういうこと?」

ミキ以上にパニックになりそうだった。驚いたのは、100万円の含み益だけではない。口座資産が約50万円なのに対し、時価評価残高が約150万円。つまり、元々入っていたお金はたった50万円。それが、一晩で3倍の150万円になっていたという夢のような出来事が、目の前で起こっているのだ。

「わかんない。全く。これ、どうしたらいいかな」

「取りあえずさ。もう早く決済しなよ。それからゆっくり考えよう。早く早く」

「うん」

「でも。落ち着いて。慌てないでね。ゆっくり」

「わかったよ」

そう言いながら決済し終えると、ミキはコーヒーをごくりと飲み気分を落ち着かせる。

「間違いじゃないよね。決済後の口座資産が1,533,494円になってるし。システムエラーかな。後で、間違いでした、って電話かかってきたらショックなんだけど」

「その可能性はあるかもね。ちょっともう一回見せてみて」

ミキのPCを膝の上に乗せ、再度、一通り何が起こったのか確認することにした。ユーロ円の買い注文が120円付近で20ロット分、午前1時8分に約定されている。それが数時間の間に急騰し、含み益がどんどん膨らんでいった。現時点で5円上がっていて、100万円ほどの利益になったというわけだ。

「ねえ。ひょっとしてさ。注文入れて、キャンセルし忘れたりしてない？」

左上に視線を向けながら数秒考えた後、何か閃《ひらめ》いたかのようにミキは叫んだ。

「あー。それだー」

なんと、一昨日予約注文していたものを、キャンセルせずに放置したっきり、すっかり忘れていたというのだ。

「キャンセルし忘れって。しかもさ、いつも何ロットで取引してるの？　20ロットって大き過ぎない？　超ハイレバレッジだよ。リスク大き過ぎるよ」

「ホントだ。いつも2ロットだから、1桁間違ったんだ」

「これ、もし逆だったらどうすんの？　証拠金50万円吹っ飛んでたんだよ。今、リーマン破綻の影響でびっくりするぐらい暴落してるの知ってるでしょ。この暴落相場で、上昇を狙った買い注文って。いつもなら、9割の確率で下に行ってたよ。どれだけラッキーだったのよ。しかもこのタイミングで5円も上がるなんて、あり得ないことだらけ。初めて見たよ。全く。奇跡としか言いようがないよ」

戒めるつもりで、ちょっとキツめにお説教をしてみた。するとミキは、脳天気な声で答えた。

「ホントだね。あはは。あ、でもほら。ちゃんと損切り注文は入ってたでしょ。ほら。だから、もし逆方向に行ってもさ、50万円吹っ飛ぶってことはないよね。6万円くらいの損かな。それに、昨日満月だったでしょ。だから、そろそろ底をつけるかなと思って、反転するのを狙ってたんだ。私ってば成長したなぁ。ね、成長したよね」

確かに、買い注文と同時に、指定金額で損切りする注文をきちんと入れているし、拙いながらもリスク管理はしっかり徹底されているみたい。それにしても大ホームランかっ飛ばしたな。寝ながらにしてお金に働いてもらうとはまさにこのこと。

「てことは、この100万円。本物だったってことだよね。もうさ、空から降ってきたようなもんだから、早く出金しちゃいなよ。この100万円、すごく縁起のいいお金だから有意義に使ったほうがいいね」

「そうだね。毎月3万円目標にコツコツトレードしてきたけど、これで一気に3年分稼いじゃったってことになるね。やったねー。何に使おうか。もうワンランク上の結婚相談所に入ろうかな」

「それめっちゃいいアイデアじゃん。さすがミキ。ブレないわ。天才じゃん」

徐々に実感がこみ上げてきたのか、二人で目を合わせるなり、満面の笑みを浮かべながらハイタッチをして喜んだ。ゴディバのコーヒーが入ったカップを持ち上げながら。

「そうだ。コーヒーもいいけど、お祝いに一杯飲まない？　こないだ買ったシャンパンがあるんだけど」

冷蔵庫から冷えたシャンパンを取り出す。

「シャンパングラス買ったの？　ひょっとしてバカラ？」

「そうそう。こないだ歯医者に行った帰りにふらっと立ち寄って、勢いで買っちゃった」

「サラが衝動買いって珍しいね。２９８０円のTシャツ1枚買うのにも1週間悩む人だったのに」

衝動買いする贅沢。その楽しみを存分に味わっていた。

11月12日

「サラちゃん久しぶり。元気？　トレードの調子はどう？」

玲子ママからの電話。玲子ママと話すのは、あのリッツ・カールトンのトレーダー女子会以来。

「お久しぶりです。トレードはお陰様で順調ですよ。相場もよく動いているので取りやすいですね。一昨日、米ドル円が１００円割れしたところでショートポジションを持っていて。そろそろ仕切ろうかと思っているところです。玲子ママのほうはどうですか？」

数日間、穏やかな相場が続いていたが、再び米ドル円が１００円割れを記録。さらに勢いを加速し、3日間で5円の暴落をしている真っ最中だ。

「あら。いいタイミングで取ったわね。私は、様子見しているわ。ところでサラちゃん。明後日暇？　ランチでもどうかしら。ちょっと相談にのってもらいたいことがあって」

「え？　相談って私にですか？　何でしょう？」

「大したことじゃないんだけどね。会った時に話すわ」

「わかりました。是非ランチしましょう。あ。そろそろ上がりそうなので決済します。明後日楽しみにしていますね。では」

電話を切った後、全ポジションを決済。2000万円の利益。この時点で、今年のトレード利益は1億8000万円を超えていた。あと2000万円で2億円か。この調子なら、年内に達成できるかな。相場も味方してくれているし、楽勝で行けそうな気がする。

11月14日

玲子ママとランチ@表参道のカフェ アニヴェルセル

表参道を歩くお洒落な人々を眺めながらのテラス席でのランチ。まるでパリのシャンゼリゼ通りのオープンカフェに来ている錯覚を起こしそうな雰囲気だ。

ほどなく鐘の音が聞こえてくる。併設されたウエディング会場の鐘だ。挙式を終えたカップルが階段を下りてくるのが遠くからでも見えた。こういう場面に出くわすと、つい漏れてしまう溜息。溜息を一つつく度、自分の婚期が遅れるような気がして、反省した。

「ここのビーフストロガノフ大好きなんです。生クリームが利いてて。でも値段の割に、ちょっと量が少なくないですか。全然お腹が膨れない」

「はは。サラちゃん面白い。でもわかるそれ。私も好きでよく食べに来るのよ。奇遇ね」

玲子ママやその取り巻き達って、みんな我が強くて、集団になると火花が見えるようでどうも苦手だ。でも、こうやって個人的に話をすると、結局いい人なんだよね。玲子ママは特にそう。ほっとする。

「その服やっぱり似合うわ」

「ありがとうございます。でも、着る機会があまりなくって」

3ヶ月前、玲子ママに買ってもらった派手柄のワンピースを着ている。

「サラちゃん髪伸びたね。腰まで伸ばすのって結構大変じゃない？　でもすごく綺麗。初めて会った時に比べてだいぶ大人っぽくなった」

玲子ママは挨拶代わりに私を一通り褒める。私は、どうも褒められるのも、褒めるのも気恥ずかしくて苦手だ。

「そりゃそうですよ。玲子ママに会った時はまだ20代だったし。Tシャツにボロボロのデニムはいてたな、あの時。髪もボブだったし。その頃に比べたら、だいぶマシになりましたね。ヘアサロンにも2ヶ月に1回は行くようになったんですよ」

「うんうん。すごく女性らしくなってる。その服にも似合うかしら。これ」

そう言って、徐に箱のようなものを取り出した。開けてみると、中に入っていたのは見覚えのあるフランク・ミュラーの腕時計だった。

「サラちゃん時計してるの見たことないから。私のお古だけどサラちゃんにあげる。結構傷ついてるけど、まだ十分使えるわよ。どうかしら」

「うそ〜。いただけるんですか。嬉しいですけど、これ、大事にしてたんですよね」

「いいのよ。もともとサラちゃんに拾ってもらったものだし、サラちゃんと引き合わせてくれたご縁ってことで。遠慮しないで受け取ってもらえる？」

玲子ママはにっこり笑ってそう言った。でも、その笑顔はどこか淋しげにも見えた。

生まれて初めての高級時計。一体いくらするんだろう。その前に、私の持っている服で、これに合わせられるものがあるかな。

食後のコーヒーとかぼちゃタルトが運ばれてくる。他愛もない会話をしながらデザートを終え、会計を済ます。そういえば、玲子ママ、相談があるって言っていなかったっけ。そう思っていると、玲子ママが振り返って言った。

「ねえサラちゃん、ドライブしない？　帰り送っていくから」

「え～いいんですか。じゃあ付き合います」

「じゃあちょっと待ってて、車持ってくるから」

しばらく待っていると、玲子ママのベンツが目の前に停まった。表参道を横切り、車を走らせる。

「この車ね、明日売りに出すの。300万円くらいにしかならなかったけど」

玲子ママは、運転をしながら淡々とした表情でそう話し始めた。

「え～勿体ない。新しいのに乗り換えるんですか？」

玲子ママは、その質問には答えず、しばらく無言のまま運転した。白金通りにさしかかった時、何か指さした。

「あの角の家、見える？　あの木で覆われている大きい家」

慌てて振り返って建物を確認してみた。後ろの窓から小さくその家らしきものがなんとなく確認できた。

「あの家、買うとしたらいくらすると思う？」

「全く想像つかないです。億とか余裕でいきそうですね」

「8億円よ」

「え!?　あんな古そうな家なのに」

「この辺は高級住宅街だからね。それくらいするのよ」

玲子ママがそう言っても、それほど興味がなかったので軽く受け流した。

「私、あそこの家買っちゃったの」

変わらない、また淡々とした口調で続ける。

「あの家は、元々私の両親の家だったの。でも、借金の抵当に入れられちゃってて、私が15歳の時に人の手に渡っちゃったの。別にそんなに悲しい話じゃないんだけどね。今はもう両親も亡くなってていないし、兄弟もいないからね。偶然知り合いから、ここが売りに出されているって聞かされてて。どうしても取り戻したいって、すぐ契約したわ。これが、最後のチャンスだと思って。でもね。困ったことが起こっちゃって。私香港のファンドでトレードしているでしょ。そこの報酬がね。支払われるの、年明けだっていうのよ。そのお金をあてにして買っちゃったもんだから、お金が足りなくて。困ってるの」

そう言い終えると、車を道路脇に一時停車させた。ハザードランプを出し、じっと前を向いている。考え事をしているのだろうか。しばらく沈黙が続く。声をかけられる雰囲気ではなかった。数十分が経過した後、玲子ママは、何か決意した面持ちで、こちらに視線を移す。眉間《みけん》にしわを寄せながら、訴えかける口ぶりで話し始めた。

「来週までに4億円払わないと、手に入らないの。私の全財産かき集めて、なんとか全財産つぎ込んで3億円は用意できたんだけど、あと1億円足りないの。

ねえサラちゃん。たった2ヶ月だけ、お金貸してくれない？　できれば1億円。でも、7000万円でも8000万円でもいいの。その代わり、月10％の利息をつけて、年明けに必ず返すわ。これ見て。これが今までの取引収支。このうち、2億円が1月5日に入ることになってるの。そこからすぐ返せるから。お願い。サラちゃんしか頼める子いないの」

玲子ママは深々と頭を下げたまま、数秒間顔を上げようとしなかった。こんな玲子ママ、初めて見た。おそらく本当に困っているのだろう。さて、どうしようか。

11月17日

あの日から3日間悩んだ。悩み続けた。家に初めて招待してくれた時のこと、多くのトレーダー仲間や日吉を紹介してくれたこと、服をプレゼントしてくれたこと、大事な時計をくれたこと。これまで玲子ママにしてもらったことが次々と頭に浮かぶ。玲子ママの初めての頼み事。断っていいの……？

それに月10％の利息か。仮に1億円を2ヶ月間貸したとしたら、年明けには1億2000万円になって戻ってくるんだ。そんな邪《よこしま》な気持ちも心の片隅をよぎる。

11月18日

このタイミングで会心のホームラン。300万円の利益ゲット。これで、私の心は決まった。玲子ママの住民票、借用書と引き換えに、8000万円貸すことにした。

2008年

総資産：205,000,000円

そのうち8000万円は貸し出し中。すぐに利息が付いて戻ってくる予定。

恋愛：元彼と同居中。キスもセックスもなし。

第5章

2009年――
もうはまだなり、まだはもうなり

今がどん底だと思う時も、まださらに下があるのではないかと考えてみること。実際には、誰にも予想がつかないことが起こり得るのが相場であるという格言。

1月7日

午後1時。携帯の音で目が覚める。

げ……。ゆかママだ。寝起きにゆかママからだなんて。どうせまたゴシップだろう。8回鳴っても切れない。渋々出ることにした。

「サラちゃん。玲子ママと連絡取ってる？」

焦っているような、心配そうな声だった。

「そういえば、今年に入って話してないですね。昨日も電話つながらなかったし。どうしたんですか」

嫌な予感がした。ゆかママが豹変《ひょうへん》してまくし立ててきた。

「サラちゃん、ひょっとして玲子ママにお金渡してない？　美咲さんていたでしょ。覚えてる？　あのホテルで一緒にトレードした。あの人もやられたみたいなんだけど。玲子ママ、みんなからお金集めて逃げちゃったみたいなのよ。私と美咲さんは、玲子ママがトレードしているファンドに投資したんだけど、実は、そのファンドはとっくにクビになっちゃってたみたいで。振り込んだお金、そのまま持ってドロンよ。信じられる？　あ〜やられたって感じ」

ドロンて……と呑気な突っ込みを入れながら、現実逃避しかけた意識を慌てて現実に引き戻す。まさか玲子ママが騙《だま》すなんて。ゆかママのいつもの陰口に違いない。そう思い、お金を渡したかという質問には答えなかった。

「ファンド、クビになったってホントですか？　それいつ？」

「サラちゃんも知らなかったんだ。ファンドに雇われてたのは本当。確かに最初の数ヶ月間は順調だったみたいだけど、暴落で飛ばしちゃったらしいよ。30億円くらい。しかも、自分のお金も全部溶かしちゃって。それからおかしくなっちゃったんじゃない。やたらとお金持っているようなアピールしてたでしょ。私達をホテルに招待したり。それまでの取引履歴をコピーしたものなんか見せたり。あと、一緒にトレードして、あの人勝ったでしょ。それですっかり信じ込まされちゃってたのよ」

「え〜。うそ〜。あのホテルの女子会は、そういう目的だったんですか。それ、誰に聞いたんですか？　恵子さん？」

思い出した。一緒にいた恵子が、玲子ママをヘッドハンティングしたって言っていたのを。

「聞いたのは、玲子ママを本当にヘッドハンティングした男から。恵子さんはね、あれ実はサクラよ。玲子ママとグルだったの。あそこでのトレードを盛り上げて、ファンドに投資したいって思わせるための仕掛け人よ。ホントあり得ない」

「そんなあ。でも、もしあそこで負けてたらどうなってたの？　たまたま勝ったからいいけど」

「たぶんね。もし、あそこで負けて、投資したいって思わせることができなかったら、また別のカモを見つけて話ふっかけてたはずよ。絶対そう」

なるほどね、とその手口にちょっとだけ感心してしまった。

「でもね、美咲さんたら、高価なプレゼントも色々もらったし、トレードでもお世話になったから、公にはしたくないって言うのよ。泣き寝入りするって。信じられる？　５００万円って大金よ。そういう情につけこんできたのよ。高価なプレゼントっていったって、たかだか数万円でしょ。世間知らずにも程がある。今まで散々あんたに良くしてきたから、そんくらいならいいだろうとでも思ったのかしら。許せないあの女。サラちゃんはなんともなかった？　声かけられたでしょ。ファンドに投資しない？　って」

プレゼントって。まさかあの腕時計も計画の一つだったってことなの？

「実は私も……。でも、私の時は、投資話じゃなくて。思い出のつまった実家を買い戻す資金が必要だって言ってました。年明けに、ファンドからお金が入るからすぐ返すって。利息を月10％つけるって」

「無理よ、きっと。他でももっと借りてる可能性だってあるし。それに、こんなに用意周到なんだから、もう自分名義の財産だって移し替えてるはずだし。んで、いくら渡したの？　５０0万？　６００万？」

「ええと。ゼロが一つ……少ないです……」

「少ないって？　50万円？　じゃあまだマシか」

「違います……。逆です。８０００万円」

「え？　今なんて言ったの？」

「…………」

「えー」

ゆかママは、声にもならない声で発狂した。

私は、怒りを通り越して、心がぽっきり折れそうになるのをこらえるのに精一杯だった。

相場の神様がきっと怒ってるんだ。天狗《てんぐ》になって、豪遊してたから。ひょっとしてこれはあなたが私に与えた試練なの？

「汗水流して稼いだお金じゃないから身につかないんだ」。ふと、「溜まり場」で出会ったあの脂顔の小太り男の言葉が浮かんだ。でもそれは間違っている。稼いだ実感が現金として理解できていなかったから、身につかず消えてしまったんだ。

3日もかけて悩み、いや、たった3日でそんな大きな決断ができた理由は、8000万円というお金が、大金だという実感が全くなかったからだ。もし、その札束を目の前で見ていたら、そして、新札の匂いを嗅ぎ、その重みを噛み締めていたら、間違いなく躊躇したであろう。ネット銀行にログインし、80，000，000と数字を打ち込み、右から左へと移動させただけ。要するに、数字上でのやり取りでしかない。トレードで、数字だけを綿菓子のようにふわふわと膨らませて作り上げたお金には、リアリティというものが全然感じられない。それが、完全に麻痺《まひ》した異常な感覚であるということに、気づきもしなかったのだ。

電話を切り、呆然《ぼうぜん》としながらリビングで考え事をしていると、省吾が寝起きの顔をして部屋に入ってきた。

「おはよう」

「おはよう。ひょっとして電話の内容聞こえてた？」

「ううん。聞こえてないよ。なんで？」

そう言いながら、Tシャツをめくり上げて腹を掻く。

「もう。アホ。なんで聞いてないんだよ」

クッションを省吾に向かって投げつける。

「ちょ、ちょっと。どしたん？　なんでいきなり」

「ふん。別にい。ただなんとなくムカついただけだし」

理不尽なキレ方をして、困らせてみる。

1月8日

昨日、ゆかママが電話で話した内容をもう一度検証してみる。まず、本当に騙されてしまったのか。もうお金は戻ってこないのか。いや、ひょっとしたら、またいつものゆかママのゴシップで、大袈裟《おおげさ》に玲子ママの悪口を言いたくて大騒ぎしているだけなのかもしれない。連絡が取れないのは、電話料金を支払っていなくて止められているだけという可能性も十分考えられる。とにかく、ゆかママの話の根拠が知りたい。自分の目で直接確かめないと到底信じられる話ではない、そう思った。

1月9日

以前、一度だけ訪れたことがある目黒区の玲子ママ宅を訪ねる。玲子ママ本人はいなかったけど、旦那に会うことができた。聞くと、2ヶ月前に離婚しており、玲子ママの住所はすでに別のところに移っているという。実際にそこに住んでいるかどうかはわからないがそこに行ってみるといい、この家も来週には引き払う予定だ、もう自分とは関わりのない人だから巻き込まないでほしい、ということだった。私以外にも訪ねてくる人は後を絶たないようで、うんざりしている。そんな様子だった。その足で、教えられた住所に向かう。築年数が相当経っているであろう一人暮らし用の古いアパートだった。部屋のドアの郵便受けにはチラシが溢れている。住んでいる気配が全くなかった。結局大した収穫も得られず、その場を後にした。

2月1日

8000万円取られようが何しようが、お腹はすくし、眠くもなる。健康な体がある限り、日々生きるためにこなさなければならないことは山ほどあるのだ。お金だって稼がなくちゃならない。朝起きて、ご飯を食べ、テレビを見ながらPCを立ち上げる。そして、チャートをチェックし、経済指標のスケジュールを見て今日の作戦を立てる。

3月16日

税金の確定申告。

もう信じられない。ホントあり得ない。取られたお金にも税金がかかるなんて。去年儲けた利益分からお金を渡してしまったから、自業自得ではあるんだけど。貸倒損失として計上できないらしい。でも、手元にないお金なのにと考えると、やっぱり腑に落ちない。

結局、手元に残った銀行預金残高は4000万円、FX口座に1000万円。全財産5000万円。ついこの間まで、2億円のお金を手にしていたはずなのに、今目の前にあるのはわずか4分の1のお金。はあ。去年1年間、無我夢中で稼いだ分が、丸々吹っ飛んじゃった。バブルが弾けたように、跡形もなく消えてしまったんだ。これからどうやって取り戻せばいいのか、考えるだけでも気が重い。

4月2日

ミキからのメール。

〈ねえサラ、今週末お見合いパーティに行かない？〉

〈え？　今、いい感じの人いるんじゃなかったっけ？　ほら、結婚相談所で知り合った人〉

〈そうなんだけどさ。私が気に入っているだけで、向こうはそんなに乗り気じゃないっぽいんだよね。遊ばれてる感じがする。だから、違う人も並行して探そうかと思って。サラ、しばらく彼氏いないでしょ。どうせ毎日あのペット君に癒やされて幸せ〜、このまま男いなくてもいっか。なんて思ってるんじゃないの？〉

〈ふふ。確かに独りでいるより退屈はしてないかな。彼氏欲しいんだけど、最近、それどころじゃなかったっていうか。でも、気分転換に行こうかな。奈美子も誘ってもいい？　そろそろ北海道から帰ってくる頃だと思うから〉

〈もちろん〉

〈じゃあ、土曜日夜7時青山で〉

4月4日

午後5時。いつもより念入りにメイクをする。化粧水パックを15分してたっぷり保湿。乳液をつけ、下地、リキッドファンデーションを塗る。眉毛を描《か》き足し、アイシャドウ、アイライン、マスカラ、チーク、グロスと順番に顔を作っていく。そして、最後にブラシを使ってフィニッシュパウダーを顔全体に馴染ませる。昨日銀座で買ったシャンパン色のワンピースを着て玄関に向かおうとすると、キッチンから甘くて香ばしい香りが漂ってきた。

週末はほとんど家にいない省吾が、珍しくキッチンで何か作業をしているみたい。

「うちにいるの珍しいね。何作ってんの？」

「クレープだよ。バナナと生クリームとチョコレートのやつ。サラも食べる？　あれ。化粧してるってことは出かけんの？　デートとか？」

省吾は、ボウルの中の生地を手早く混ぜ、フライパンに流し込みながら尋ねる。一瞬のうちに焼けた薄い生地を器用に裏返すと、ふわっと甘い香りが充満する。

「そう。今日はパーティ。お見合いパーティに参加するんだ」

浮かれ気味に言ってみた。

「あっそ。いいんじゃない？　頑張って。それと、帰りにコンビニでいちごみるく買ってきて」

ふん。反応薄いな。このスイーツ男子ってば。

「帰ってきてから食べるからちょっと残しといて。じゃね」

ぶっきらぼうにそう言い残して玄関のドアを閉めた。

午後7時@青山のお見合いパーティ会場
パーティが始まると、妙に甲高い声の司会者が、パーティのルール説明を始めた。
「まず、ベルを鳴らしますので、気に入った方のところに行って、自由にお話ししてください。

制限時間3分です。3分経ったらまたベルが鳴りますので、別の方とお話ししてください。さあ。では行きますよ～！　スタート！」

ベルの合図と共に、みんな一斉にお目当ての人のところへ突進して行く。女性は基本的に受け身なのかと思いきや、逆に積極的に話しかけている。これって、とても残酷なシステムじゃない？　人気のある人とない人がはっきりわかれるんだよね。きっと。

私の予感は的中した。美しさで一際目立つミキのところには、5人以上の長い行列ができていた。私は完全に気後れし、会場の隅っこに立ち尽くす。真っ直《す》ぐ前を向くのも気恥ずかしくなり、一刻も早くこの場から立ち去りたいと思いながら、携帯電話をいじる。

「お話よろしいですか？　初めまして。岸谷と申します」

下を向く私の顔を覗き込むように一人の男性が話しかけてきた。当たり障りのなさそうなちょっとゴツめの男。

「なんか、こういう場所、初めてでどうしていいかわからないんですよね」

じんわりかいた額の汗をアイロンがしっかりかけてあるハンカチで丁寧に拭きながらそう言った。

「あー私もです。友達に誘われてきたんですけど。ほら、そこの行列できている彼女とか、あそこにいる背の高い子とか、3人で参加してるんですよ」

「そうなんですか。僕も二人で参加しているんですよ。あそこの紺色のジャケット着ているのが友人です。同僚なんです」

チン。何の深い話もできず、3分間はあっという間に過ぎた。それじゃあ、とその場を立ち去った後、渡された紹介カードを改めて見てみた。32歳、自動車メーカー勤務。サラリーマンか。いかにもって感じ。

結局、その後は、トイレに行くふりをして時間を潰しながら、パーティが終わるのを待っていた。


「はい。それでは、お配りした紙に、気に入った方の番号を記入してください」

気に入った人かあ。一人としか話していないし。どの人だったか顔もよく覚えていないけど、書くだけ書いておこうか。17番。とだけ書いた紙を担当者に渡し、さっさと会場を後にした。

どうやら、番号が書かれた人に、その紙が渡されるというシステムのようだった。パーティが終了するまでの間、会場の外で二人を待っていると、外へと出てくる一人の男性と目があった。あの自動車メーカーのサラリーマンだった。

「先程はどうも」

そう言いながら男が近づいてくる。

「こちらこそどうも」

「僕の番号書いてくださったようで、ありがとうございました。僕もサラさんて書いたんですよ」

「そうなんですか。私、結果見ないで外に出てきちゃったんでわからなかったです」

「もう帰られるんですね。もしよければ連絡先でも交換しませんか？」

何もないよりはましか。その程度の気持ちしかなかったけど、取りあえず電話番号を交換した。

4月5日

「昨日どうだった？　いい人いた？」

部屋から出てきた省吾が寝起きの声で話しかけてくる。

「まあね。一応カップルっぽいものにはなったけど」

「へ～。よかったじゃん。どんな人？」

「ん～。なんていうんだろう。ちょっとがっちりした営業マン。顔は普通。ちょっとメールのやり取りはしてるよ。それで来週デートすることにした」

「うまくいくといいね。頑張りなよ」

気のない励まし方だった。

「ねえ。お腹すいた。昨日のクレープ作ってよ。まだ残ってるんでしょ」

「お。食べる？　甘いの？　しょっぱいの？」

「しょっぱいのって何よ」

「チーズとツナと卵。甘いのだったらチョコバナナ」

「ん〜。じゃあチーズとツナと卵がいい」

「オーケー。じゃあサラはハーブティーいれてよ」

「わかった」

二人でキッチンに並んでランチの支度を始める。私は、お湯を沸かし、ティーポットにカモミールの茶葉を入れる。省吾は、冷蔵庫から昨日の残りのクレープ生地を取り出し、フライパンで再度温める。そして、ツナ缶の蓋を開け、チーズと卵を合わせてトッピングする。

付き合ってもいない男女が寝間着でキッチンに立つって。何なんだろう……。彼氏なら後ろから抱きついたりキスしたり、イチャイチャするんだろうけど。

ヤカンの沸騰の合図で、頭の中のそんな妄想も隅っこに追いやられる。

「チーズがとろけてめちゃくちゃウマイじゃん。これ」

「でしょ。昔クレープ屋でバイトしてたからね」

「うちで作るもんだとは思わなかったわ」

4月12日

「省吾いるの？　ちょっとリビングに来てよ」

省吾の部屋の戸を乱暴に叩いて呼び出す。

「ちょっと聞いてくれる？　例の営業マンの話」

「何？　ダメだったの？」

音楽を聴いていたのか、イヤホンを耳から外しながら、少々めんどくさそうに答える。

「それがさあ。びっくりするぐらいケチ」

「ケチって？　奢ってくれなかったの？」

「奢らないどころかって感じ。まず、連れて行ってくれたレストランが、メニュー全品いくらって書いてあるようなチープなイタリアンチェーン店でさ。周りは大学生みたいな子供しかいないの。隣で合コンやっててうるさいし、会話も全然聞こえなくてもう最悪。それでお会計の時に、レシートを見て、ちょっと多めにお金を渡したのね。そしたら、それ普通に受け取って、しかもお釣りもくれなかったんだよ。あり得ない」

「マジで？　自分から誘っておいて、最初のデートで割り勘はないな。付き合ってからならわかるけど」

「でしょ。これはきっと、私に気がないんだろうな、だから、ご馳走するまでもないって判断されたんだと思ったの。それなら理解できるし。そしたら、上機嫌で次ビリヤード行こうって誘ってくるわけ。しかも、そこは、負けたほうが払うってことになって。んで、結局負けた私が払ったの。その後もまだあってね。カラオケ行って楽しそうに歌っちゃって。もちろんそこも割り勘ね。以上。次は絶対なし」

「一緒にいて楽しかったの？」

「ん〜。まあ、つまらなくはなかったかな」

「じゃあもうちょっとチャンスあげてもいいんじゃないの。もしかしたらすごい堅実で真面目な人かもしれないし。きっと慣れてないだけなんだよ」

「その前に、もう誘ってこないでしょ」

その時だ。割り勘男からのメール。

〈来週末空いてますか？　映画でもどうですか？〉

「えええええ。次があるんだ、この人。男ってわかんないわ」

5月15日

「今日もデートだったの？　こないだの営業マンはもうやめたって言ってなかったっけ？」

帰宅するなり、リビングルームでテレビを見ていた省吾が、興味津々に聞いてくる。

「何？　今日もデートだったけど悪い？　気になるの？　そんなに報告してほしいならするけどさ」

外から帰ってきた格好のまま着替えもせず、省吾の隣に腰掛け、愚痴をぶちまける。

先週合コンで知り合ったその男は、背が高くて、がっちりしたスポーツマンタイプ。爽やかな印象とは違い、やたらと自分の筋肉自慢ばかりしてくる。仕事は、ベンチャー投資会社の社長で、若者の夢を叶える仕事だと熱く語っていた。その後が問題。私の仕事のことを話した途端、急にデートモードから仕事モードにスイッチが切り替わり、こんなビジネスがあるんだけど一緒に出資しないかと相談を持ちかけられた。やんわり断ると、今度は、トレードを教えてだのとしつこく聞いてくる。

「もうね。次からは、男の前で仕事の話するのやめるの。結局興味の矛先が私じゃなくて、お金とかトレードのほうに向いちゃうんだもん。金目当ての変な輩《やから》しか寄ってこなくなるし。あそっか。こないだの割り勘男も、だから割り勘にしようとしたんだ。なんか不公平だよね。男にとって、お金は武器になるのに、女にとってはデメリットでしかないなんて」

そういえば、以前、玲子ママも同じようなことを言っていた。お金目当ての悪い人が寄ってくるようになるから気をつけてって。結局玲子ママ本人がお金目当てで近寄ってきた帳本人だったのだけれど。

「確かに、トレーダーだってこと、言わないほうがいいかもね。でも、それ言わなかったらサラは何も会話できなくなりそう」

省吾が笑って茶化す。

「ちょっと。それどういう意味よ。トレード以外趣味もないつまんない女だって言いたいわけ？　てゆうか、あんたも金目当てでここにいるのか」

「はは。そうだったらとっくに結婚するって言ってるけど」

もう。なんて憎たらしい男。

5月30日

今日の成績、マイナス150，000円。
4、5月連続でマイナスを食らい、FX口座の残高が1000万円から300万円まで激減。これで全財産も3800万円になってしまった。絶不調。原因はわかっている。焦りだ。取られてしまった8000万円をトレードで取り戻すのだという焦りが、売買の決定に微妙なズレを生じさせているのだということは、なんとなく自覚していた。
コーヒーカップを両手に持ちながら、省吾がトレードルームに入ってくる。

「なんか最近機嫌悪いね。眉間にしわ寄ってるよ。伸ばさないと跡がつくから気をつけないと」

苛立《いらだ》つ私を心配そうに見つめながら話しかけてくる。

「うるさいな。もう」

そう言いながら、コーヒーを受け取る。

「トレードの調子が上がらないの？」

省吾は、さほど興味もない、目の前にある4つのモニターに顔をくっつけ、じっくり観察しながら尋ねる。

「去年の今頃は、すごい調子良かったのにな。稼げて当たり前って思ってた。負ける気がしなかったもんね。今なんて、貯金残高1桁減っちゃった。別にトレードでお金溶かしちゃったわけじゃないのに。あーあ、1年前に戻りたい」

　省吾は金額にはまったく興味を示さないといった様子で、じっと私の愚痴に耳を傾ける。

「サラ。過去の栄光にすがってちゃ、先に進めないよ。昔はもっと稼いでたのに、とか言ったって、今が変わるわけじゃないでしょ。現実を見なきゃ。サラの今の現実って何？　現実問題として起こっていること」

「お金が目減りしていること。トレードの調子が悪いこと。それと……」

　彼氏ができないこと、と言いかけてやめた。

「お金がないって言ってるんならさ、節約でもしてみれば？　今でも、歩いて10分もかからないところをタクシー乗ったりしてるんでしょ。買った車も乗ってないし、買い物も前より多い気がするし」

「だってえ。最近嫌なことばっかりでストレスが溜まって……」

「それも現実を見ていない証拠だよね。トレードだってそうなんじゃない。前みたいにトレードできて当たり前と思っていても、実はそうじゃないとか。僕はよくわかんないけどさ。一度冷静になるために休んでみてもいいんじゃないかな」

　だって、という言葉がまた出かかっていたものの、省吾の言うことも一理ある。毎週末のデートの度に服や靴、バッグを一通り新調し、歩ける距離でもタクシーを当たり前のように使っていた。ブランド品の衝動買いもやめられない。以前なら、トレードで負けた時は節約していたのに、今ではストレス発散を口実に買い物に走るのが日課になっていた。そういえば、車も買って1年経つのに、駐車場でホコリをかぶっている。生活水準を上げるのは容易だけど、下げるのは簡単ではないとはよく言ったものだ。

「そうだね。ちょっとトレードを休んでみるのもいいかもしれない。ありがとう」

そう言って、目の前のモニター画面の電源を切り、ノートPCを閉じた。省吾は、子供にするように、私の頭をよしよしと撫でてから、静かに部屋を出ていった。

6月25日

トレードは一時休業中でも、チャートを見ながら過去の動きを検証する作業は3週間ずっと続けていた。

今の現実。相場を見直すと、明らかに過去と変わったことがあった。ちょっと前までは、一日の中で、高値から安値まで余裕で2円、3円以上動いていたのが、ここ数ヶ月では1円も動いていない。明らかに値動きが変わっているんだ。今年に入ってからは、特に大きなトレンドも発生せず、方向感のない値動きがずっと続いている。なんで気づかなかったんだろう。目の前の木ばかり追いかけていて、森を見ていなかったんだ。

7月1日

「もしもしサラちゃん？　今暇？　一人助けてくれそうな人紹介してあげるから今から飲みにおいでよ」

　オーナーからの電話。3ヶ月前、「溜まり場」に行った時、オーナーにお金を取られた件を相談していたのだ。

「え。ホントですか？　すぐ伺います」

　電話を切った後、高鳴る鼓動を抑えながら出かける支度を始める。30分後には「溜まり場」に辿り着いていた。


　閑散としたカウンター席で、40代半ばくらいの男が水商売風の女と飲んでいた。肩までつくほどのロングヘアに派手なロゴのTシャツとキャップ。獣のようにギラついた目つき。え？　この人が？　不安が頭をよぎる。

「工藤さんはね、こんなチャラそうなカッコしているけど、すごい人脈持ってるから、色々顔きくよ。優秀な弁護士の知り合いも多いから、相談に乗ってもらいなよ」

「え？　いいんですか。私、本当に困ってて」

　とすべて打ち明けた。

「ん〜。問題は、その人が自分名義の資産を持っているかどうかだよね。裁判をやれば勝つとは思うんだけど、お金を回収できるかどうか、難しいところだね。周りにもやられている人たくさんいるんでしょ。ってことは、おそらく、資産も隠しちゃってるよね。居場所はわかってるの？」

「それがですね。自宅は知っているので、そこに行ってみたら玲子さんの旦那はいたんですよ。でも、もう離婚して彼女だけ出て行ったって。引っ越し先の住所は教えてもらったんですけど、実際にそこに住んでいるかどうかまではつきとめられていなくて」

「離婚してるなら厳しいな。偽装離婚かもしれないしね。財産を旦那名義に全部移し替えてさ」

「やっぱりそうですよね。もう諦めたほうがいいのかな」

「取りあえず、色々調べさせてもらってから、返事しますね。サラさん、辛いよね。若いのに、そんな大金取られちゃってさ。一生懸命稼いだお金なんでしょ？　なんとかしてあげたいから、やってみるね。元気出して」

工藤はそう言うと、落ち込む私の肩をトントンと叩きながら優しく励ました。なんとかしてあげたい。その言葉に気がゆるみ、ポロッと涙がこぼれた。トレードもうまくいかない。取られたお金も返ってくるかどうかすらわからない。気が滅入りそうな状況の中、工藤の励ましに、かすかな希望の光が見えた気がした。

「でもさあ。お金貸す前に打つ手はなかったのかな。向こうはプロの詐欺師だからどっちみち狙われたら逃れられないとは思うけど」

「そうですね……。でもまさか、玲子さんがお金に困っている人だとは思わなくて。高そうな車にも乗ってたし、持ち物だって、高級なものばっかりなんですよ。家だってすごい立派だし。

２ヶ月後に、必ず数億円入ってくるから、それまでの間だけって言われたんで、つい。それに、ご馳走してもらったり、相談にのってもらったり、色々お世話になった人だから。頼み事、断れないでしょ、普通」

説明すればするほど、なんでそれだけで信用してしまったのか、自分でもよくわからなくなってきた。口にすることによって、今まで見て見ないふりをしてきた現実を、テーブルの上に一つずつ並べていく、そんな心境だった。ああ、私、騙されちゃったんだ、もうお金、戻ってこないんだって、その時、ようやく事の重大さを実感したような気がした。

「詐欺師はね。そういう人の弱みにつけ込むんだよね。典型的じゃん」

オーナーのその一言が、私の心に深くとどめをさした。

7月4日

工藤から呼び出された。西新宿にある雑居ビル。扉には「山崎法律事務所」という表札がかけてあった。事務員らしい若い女性に案内され、一角のパーティションで仕切られただけの応接室に通されると、真面目そうなスーツ姿の男と工藤が向かい合わせに座っていた。私は、工藤の隣に座った。

スーツの男から渡された名刺には「弁護士　山崎剛」と書かれてあった。工藤に話した通りの内容を改めて山崎弁護士に説明する。

「まず、工藤さんからも聞いていると思うんですけど、居場所がわからないとお金を回収するのは難しいんですね。でも、裁判をやってみる価値はあると思いますよ。欠席でも勝訴は勝ち取れる。相手を追い詰めたいという気持ちがあるんだったらやってもいいかもしれませんけどね。勝訴確定から10年の間に財産を見つけられれば、差し押さえることだってできますし。ただ、8000万円の請求の民事訴訟ですよね。着手金が結構高くなりますよ。240万円くらい。それと、成功報酬で取り戻した金額の約6％ですね」

着手金が240万円……高いなあ。しかも回収は難しいという。望みを絶たれた思いで事務所を後にした。

7月8日

再び工藤に呼び出され、パークハイアットのラウンジで待ち合わせることになった。

「サラさん、どうする？　結局お金取り戻すの難しそうだけど。他の弁護士でも同じこと言われるだろうね。残念だけど」

工藤は、心配そうな眼差しで私を見つめる。

「やっぱりそうなんですかね。でも、勝訴は勝ち取れるっていうし、正直迷ってます」

意気消沈しながらコーヒーに口をつける。

「そう落ち込まないでよ。元気出して。ところでさ」

落胆した私を励まそうとしているのか、工藤はニヤッと悪戯な笑みを浮かべながら、顔をぐっと近づけてきた。

「これは別件の話なんだけど。手っ取り早く8000万円取り戻したいんだったら、いい投資話があるけど聞くだけ聞いてみる？　決して悪い話じゃないよ」

「え？　じゃ、じゃあ、取りあえず聞くだけ……」

か、顔が近い……工藤はさらに顔を近づけ、私の耳元でナイショ話をするように話を続ける。

「今度溜まり場のオーナーと一緒に新しいビジネスやろうと思って、興味のあるやつに何人か声かけてるんだよ。共同出資で。サラちゃんも出資してみる？　一人1000万円なんだけど」

7月20日

「サラちゃん、まさかなんだけど、もう工藤にお金渡したりしてないよね？」

オーナーから突然電話がかかってきた。かなり焦っている様子だった。

「え？　どうしたんですか？」

あれ？　この展開。デジャブかな？　嫌な予感がした。

「俺、やられたんだよ。共同出資でやろうとしてた事業の運営資金の1000万円、持ち逃げされちゃってさ。ホントごめん。変なやつ紹介して。まさかあいつがそういうことするとは思わなかったよ。毎日店に来て、お金使ってくれるし、色んな客紹介してくれるしさ。信用するよな」

嫌な予感が的中してしまった。私の1000万円！　また騙されるなんて。あ!!　まさか……。血の気が引いて倒れそうになりながら、山崎弁護士に電話する。

「おかけになった電話番号は現在使われておりません」

訴訟をやると決め、着手金240万円を振り込んだ翌日のことだった。


世の中にはどうしてこんなに悪い奴がのさばっているんだろう。あまりにも信じ難い出来事が立て続けに起こるこの現実。もう笑うしかなかった。

なぜだかわからないけど、私はその時、チャートを頭の中に描いていた。相場って、一回底打ちしたなと思うと、その後またさらに下げることがある。二番底を形成しないとトレンド転換にはなかなかならないのだ。つまり、不幸な出来事が起こった時は、さらにダメ押しになるもっと悲惨な不幸が連鎖反応で起こってしまう。その二度目の不幸を乗り越えて初めて、どん底からようやく這い上がることができるんだという人生の教訓にも似ている。そんなことを考えていたら、なんだか、自分の境遇が妙に可笑しくて切なくて、笑えてきたのだ。もしかして、ようやくここから立ち直れる兆候なのかもしれないと、まるで他人事のように脳天気なことをぼんやり考えていた。

10月5日

彼氏探しは相変わらずぱっとせず、騙し取られた８０００万円と、１０００万円と２４０万円の回収目処はまったく立たないまま。唯一の明るいニュースといえば、５月末までは負け続きで、絶不調だったトレードが、６月の休業を挟んだ7月以降は順調に回復してきたということ。１０００万円から３００万円にまで激減してしまったＦＸの口座残高も、ようやく１１００万円まで回復してきた。今残っている全財産は、銀行口座残高を合わせて１８００万円。今はとにかく地道にトレードすることだけ考えよう。

どんなに辛いことがあろうとも、不幸がこれでもかと覆い被さるように襲ってこようとも、仕事さえ順調であれば、それだけで心が満たされる。そんな時もあったっていい。

12月31日

ＦＸを始めて5度目の年末を迎える。ＦＸ市場は、31日までは通常営業、１日と土日の短い正月休みを挟み、４日からまた通常通りマーケットが動く。

午後10時＠溜まり場

カウンター席は満席、個室も団体客で大賑わい。

「今日すごい人だね。大晦日《おおみそか》ってこんなに混んでるんだ。意外」

「ごめんね。今、2席空くからちょっとだけ待ってて」

狭い店内の入り口付近で、立ち飲みをしながら待っていると、しばらくして、カウンター席に通された。

とうとう2009年も残すところあと2時間。

「オーナー。今年も一年お世話になりました」

改めて乾杯。グラスを空にし、2杯目のシャンディーガフをオーダーする。

「あーあ。今年も結局いい人見つけらんなかった」

「ホントだよね。でもさ、今年は二人共、結構頑張ったほうじゃない。実らなかったけど、散々デートだけは数こなした感があるもん」

「確かに。出不精のサラにしちゃあ珍しく、毎週末どっか出かけてたよね。おかげで全然遊んでもらえなかったけど」

ミキにそう言われ、私は、改めて今年出会った男たちを振り返ってみる。

「結局何人デートしたんだっけ。ええと。割り勘男の自動車メーカーサラリーマンでしょ。ロハスな商社マンに、あとはカメラのエンジニア。ベンチャー投資会社の社長もいたな。7人くらいか。箸にも棒にもかからなかったけど。本当に全滅だったな。2度目のデートすらない」

「あ。その社長の話、前聞いたな。そういえばなんでダメだったんだっけ」

「だから。デートそっちのけで、出資話をし始めたから嫌になったっていう」

私の話を遮るようにオーナーが口を出す。

「まだまだ全然甘いよ。運命の人に出会うためには、確率的に、1年間でその10倍の人とデートしないと見つからないよ」

「オーナー。そんな非現実的なこと言わないでよ。身がもたない」

本気で泣きそうになりながらグラスに口をつける。

「あ、ねえ。そういえば、うちらって、今年前厄だったんじゃない。来年が本厄」

「そうだっけ？　だからこんなに色んな不幸が一気に押し寄せてきたの？　厄祓《やくばら》い行っときゃよかったな。来年一緒に行こうよ」

「だね。サラ見てたら、厄祓いが大事だってつくづく思うわ。あ、そうだ。厄祓いもいいけど、六本木って確か神社あったよね、オーナー？　縁結びの神社」

「ああ。行ったことはないけど聞いたことはあるな。確かヒルズの手前くらいじゃなかったかな」

「帰り行ってみようよ」

0時ちょうどを回った瞬間、オーナーが改まって新年の乾杯の音頭を取り、新年を祝った。

「えーそれではみなさん。明けましておめでとう！」

ミキの顔もオーナーの顔も、そしてその場にいた客全員の顔が、すでに酔いで赤く染まっていた。自分の顔に手の甲を押し当て、火照った頬を冷やそうとする。ここの空間、なんだかすごくあったかいな。盛り上がりがピークに達した最中、その状況を俯瞰《ふかん》するような心境になりながらそんなことを思った。

夜風に当たりながら、ふらふらと六本木ヒルズ方面に向かって歩く。あんなに熱を帯びていた体が、凍るような寒さで一気に冷めていくのがわかる。

麻布警察署を過ぎたあたりで、道路の反対側に渡る。途中コンビニエンスストアでペットボトルの熱いお茶を買い、それを飲みながら閑静な路地裏を歩く。

「あれじゃない?」

ミキが指をさした先に、出雲大社東京分祠といわれるその神社がひっそりと佇んでいた。神社名が書かれた紫色の幟《のぼり》旗が立ててある以外、神社らしい趣はなく、コンクリートの階段と塀に囲まれた無機質な建物がそこにはあった。大都会の神社とはこういうものなのかもしれない。階段を登ったその先には、こぢんまりとした拝殿があり、手前にお賽銭《さいせん》箱が置かれている。人の気配は全くない。

夜中の神社はとても厳かで、何か神聖な空気が流れているような気がする。

手水舎《ちょうず》で手を洗った後、拝殿に向かい、お賽銭を入れる。手を叩く音が、ひっそりと静まり返ったあたりに木霊する。

参拝を済ませると、無言のまま階段を下り駅に向かった。二人それぞれ心の中で祈ったことを、お互い聞き合うことはなかった。ミキの目には、何か大きな決意をした時のような、そんな強さが表れていた。

2009年

総資産：19,000,000円

取られた9240万円と税金支払いで激減。でも、トレードは尻上がりに回復したから良しとする。

恋愛：デート7人。かつてないくらい努力した。実りはなかったけど。

第6章

2010年——
山高ければ谷深し

大成功の後には、同じだけの逆境もいつか訪れるもの。大きく上昇している相場は、値下がりする時の反動も同じだけ大きいという格言。

2月6日

午後4時。
ミキからのメール〈私……彼氏ができました〉
サラ〈えーよかったじゃん。おめでとう。どんな人？　医者？　弁護士？〉
ミキ〈ええと。溜まり場でゆっくり話すわ〉

午後9時@溜まり場
「オーナー、聞いてよ。ミキ、彼氏できたんだって」

ヤケ酒を浴びながら、つっかかり気味にオーナーに絡む。

「お。よかったじゃん。おめでとう。どんな人？　医者？　弁護士？」

ぶはっ。オーナーがそう言うやいなや、二人してワインを口からぶちまけた。

「もう。オーナー、私のメールとまるっきりおんなじこと言ってる。ひょっとして私のメール見た？　びっくりなんだけど」

服に飛び散ったワインのシミを濡れタオルで拭き落としながら言った。口角が上がりっぱなしのミキは、話したくてしょうがないと言わんばかりに順序立てて報告し始めた。

「ええとですね。彼は、隣の人」

「はあ？　隣人とできちゃったの？」

「違う。隣ってのは、会社の隣の席の人ってこと。同僚よ。新人さん。ヘッドハンティングされて転職してきた人」

「へえええ。マジで？　ミキが？　会社員？　同僚？　いいの？　それで」

頭が混乱してきた。あんなに散々大金を投資してセレブ婚を夢見ていたあのミキが同僚とだなんて。

「要するに、ビビビッて来たってことよ。見た目も性格も全部」

「てことは何。やっぱり薄い顔で子ザルみたいな人なの？」

オーナーが興味津々で顔を近づけてくる。

「ちょっとお。子ザルって。もっと違う言い方があるでしょ。でも確かに顔は薄いけどね。ま、結局条件は変えられても、好みまでは変えられないんだね、人って」

ミキは、嬉しそうにそう言ってワインに口をつけた。

「そっかあ。じゃあ結婚相談所、無駄になっちゃったんだね。勿体ない」

「全然無駄じゃなかったよ。あれがあったからこそ彼と出会えたんだし。婚活してますっていうオーラが彼を呼び寄せたんだと思う」

「なるほどね。あ。これってさ。もしかして初詣のご利益かな」

「きっとそうだよ。絶対そう。サラにも今年はきっといいことあるよ」

「そうだね。いいことがあるといいね。周りが幸せになれば、自分にも幸せが引き寄せられるって言うしね」

ミキの幸せは心から嬉しい。けれど一方で、自分の現状を改めて振り返って愕然とした。彼氏いない歴2年と3ヶ月。出会いは人並み以上にあるはずなのに、お付き合いまで発展する確率が、20代の頃と比べると極端に下がってしまった。結婚という二文字が脳を支配してしまっているせいか。30代の恋愛って本当に難しい。仕事があまりにも波瀾万丈過ぎて、それどころじゃなかったというのは単なる言い訳だ。いや。それ以前に、大きな疑問が浮かび上がる。私は、そもそも本当に男性を必要としているのだろうか。

セックスをしている時って、快楽物質であるドーパミンや交感神経を刺激するアドレナリンが分泌されると聞いたことがある。ギャンブルやトレードでも、同様の快楽物質が分泌されるそうだ。ひょっとして、トレードで欲求を満たせてしまっているせいで、男性そのものを本心から求めなくなっているのではないか。これは非常に忌々《ゆゆ》しき事態だ。逆に、相場の神様に操を立てなければ、トレードはうまくいかなくなるのだろうか。

男か仕事か。両方を手に入れるのは欲張りなのか。悩ましい。

3月13日

土曜日の午後11時@自宅のリビングルーム

冷蔵庫の中身、パプリカ、きゅうり、大根、人参《にんじん》のピクルス。昨日作ったランチョンミートのポトフ。どちらも省吾のお手製。ポトフを温め直し、パスタを細かく砕いて投入。パスタがふやけるくらい柔らかくなるまで煮込む。出来上がったパスタスープとピクルスをダイニングテーブルに運び、テレビをつける。夜になるとまだ冷え込むな。そう思いながらスープで体を温める。

昨日、偶然街で省吾を見かけた。知らない女と一緒だった。胸がざわついて落ち着かない。

深夜0時。相変わらず省吾は、週末の夕方になると家から出て行き、そのまま帰ってこない。帰ってくるのは、決まって日曜日の昼か夕方。この調子じゃ、今晩も帰ってこないに違いない。

蛍光灯を消し、部屋の隅に置かれた間接照明のスイッチを入れる。壁に反射した暖かい光が観葉植物のシルエットを照らし出す。キャンドルをテーブルの上に置き、火を灯す。シナモンのスパイシーな香りが外国のクリスマスを連想させる。ソファに寝そべりながら、映画を鑑賞する。

今まで気にしたことはなかったのだけど、省吾、いつも週末どこで何をしているのだろう。友達の家に行くって言って出て行ったけど、友達って誰だろう。省吾はあまり自分のことを話したがらない。男だからなのかもしれないが、あまり自己主張をせず、聞き役に徹する。

そんな彼が、昔一度だけ、自分に起こった人生の転機について話してくれたことがある。彼は3人男兄弟の真ん中で、両親は幼い頃離婚し、母親が女手一つで3人の息子を育て上げた。

歳の離れた兄が父親代わりになって、大学まで行かせてくれたのだけど、その兄が病気で亡くなったという。そのことが彼に大きなショックを与え、心のバランスを崩し、ストレスの多かった仕事も休みがちになり辞めてしまった。当時付き合っていた彼女ともうまくいかなくなり、人を愛する余裕すらなくなっていった。そんなことを、自分の口から珍しく語ってくれた時があったのを思い出した。

ふと、リビングのテーブルの上に無造作に置かれた省吾のＰＣが目に留まった。そういえば、携帯を友達の家に置き忘れたって言っていた。ＰＣの中に何かある。直感的にそう感じた。ゆっくりと体を起こし、ＰＣに近づき、たたまれたモニターを上げてみる。マウスをそっと動かすと、スリープモードの画面が通常状態に立ち上がる。げ。立ち上がっちゃった。進んでいくしかなかった。意を決してメールを開く。

〈今日も家来る？　泊まってく？　待ってるね〉
〈いいよ。じゃあ、10時頃行く〉
〈楽しみにしてる〉

可愛らしい絵文字付きの衝撃的なやり取りを見つけてしまった。私の知らない省吾の顔、表情がそこにはあった。心臓が信じられないスピードで激しく脈打つ。手の震えが止まらない。見てはいけないものを見てしまった。見なきゃよかった。後悔しても遅かった。

罪悪感の次に訪れた感情。それは怒り。

他に女ができたら出て行くというのが、同居する条件だったはずなのに。それを平然と破っていたなんて。あり得ない裏切り行為に怒りが止まらない。しかも、私とはセックスしないくせに、他の人とはできるんだ。彼はゲイじゃないんだという現実を直視しなければならないことにも腹が立った。しかもアイツ、女はいらないって言ってたのに。

悶々としながらPCを閉じた。私が、何事もなかったようにいつも通りにしていれば、二人の平和な関係は保たれる。このままでいたいのか。それとも白黒はっきりさせたいのか。自分でもよくわからなかった。

3月14日

午前6時。空が白んできた。高速道路を走る車の音が賑やかになってくる。一睡もしないまま朝を迎えてしまった。間接照明を消し、キャンドルの火を消す。つけっぱなしのテレビのチャンネルを意味なく何度も替えてみる。

午後1時。寝室のベッドに横になる。お腹もすかない。喉も渇かない。

午後7時。結局一睡もできないまま、また夜を迎える。昨晩と同じように間接照明をつけ、キャンドルに火を灯す。テレビをつけようとしたその時、玄関のドアが開く音が聞こえた。省吾が帰ってきた。

「ただいま。元気？」

「お帰り」

それ以上の会話もないまま、省吾が自分の部屋に行く。上着を脱ぎ、部屋から出てくる。

「どうだった？　週末」

「別に。家にいただけ。省吾は？　誰とどこで、何してたの？」

「溜まり場に行ってきた。ずっと行ってなかったから。その後友達と合流して朝まで飲んで、その後家で飲み直して」

「で、この時間になったんだ」

「そうだよ。どうしたの？　サラ、ちょっと変だよ。いつもはそんなこと聞いてこないのに。お腹すいた？　なんか食べる？」

普段と変わらない穏やかな笑顔で、ソファの上に座る。その笑顔を見ているうちに、怒りが沸々と込み上げてきた。

「ねえ。同居を始めた時のルール覚えてる？」

ついに切り出してしまった。いてもたってもいられなかったのだ。

「女いるんでしょ。だったらその人のところに行きなよ。なんでここにいつまでも住んでるわけ？」

「女なんていないよ」

「うそばっかり」

「ホントにいないし」

「見たの」

「何を？」

「メールのやり取りを」

そう言うと、省吾は視線を落として無言になった。

「つうかさ。おかしいじゃん。ずるいよ。だったら私ともセックスすればいいじゃん。私とはできないの？　なんで？」

「サラは特別だから」

「何が特別なの。わけわかんない」

喚《わめ》き散らしている私の声を黙って聞いて、動かない。すると突然、ポロポロと涙を流し始めた。省吾の涙にドキッとした。付き合いたての頃、初めて別れ話をした時にも彼が泣いていたことを思い出した。

「サラは、他の女とは違う。この子は、セックスだけ。好きでも何でもない。相手もそれ以上求めていない。お互い遊びだって割り切ってるし。でもサラは違うでしょ」

「へ〜。好きでもない女とやれるんだ。じゃあいいよ。好きじゃなくたって抱けるんだったらさ、私ともやればいいじゃん。いいよ。やろうよ」

「それはできない」

「なんで。なんで私とじゃあできないの？　欲情しないってこと？　女として魅力がないの？　もう自信なくすよ。私もう2年半もしてないんだよ、誰とも。こんなに出会いを求めてるのにできないの。出会いなんて要らないって言ってる省吾にできて、なんで私にはできないの？　よくわかんない」

「サラはそういう女じゃないってわかってる。もし、僕が本気で将来を考えるとしたらそれはサラしかいないよ。今はそれができないからサラとはしない」

「なんだよ。それ。意味わかんない。何を言われても、言い訳にしか聞こえない」

そう言った瞬間、涙が溢れてきた。責めて責めて責めまくったら、心が痛くて張り裂けそうになった。一体どうすればいいのか自分でもよくわからなかった。解決方法がどこにも見当たらない。光なんてどこにもない。

省吾もまた、自分でどうしたらいいのかよくわからないでいるのだろうか。将来への道も開けず、もがいている中で、私が入り込む隙がないだけなのか。

「ねえ。どうしたらいいの。教えてよ」

「僕にもわかんないよ」

何度話し合っても答えは見つからなかった。

3月15日

午前6時。不眠2日目の朝。体は疲れ切っていた。なのに、脳みそが眠ることを許してくれない。思考をストップさせたまま、またいつもの日常に戻る。

午前7時。月曜日のマーケットオープン。ベッドに横になりながらPCを開くと、いつもと変わらずチャートが波を描き始めた。5分ごとに、新たなローソク足が現れる。ローソク足の実体が上に伸びたり下に伸びたり、下に大きく下げたかと思いきや、長い下ヒゲをつけて、上に上昇していく。また、新たなローソク足が現れる。描かれた美しい放物線がゆっくりと形を変えながら時を刻む。上がるのか。下がるのか。上がるのか。下がるのか。トレードをするでもなく、ぼんやり予想をしていると、催眠術にかかったように、やがて静かな眠りにつくことができた。

午後8時。長い眠りから目を覚ます。洗面台で自分の顔を見る。目がひどく腫れ上がってひどい顔。冷凍ピラフを温め、夕飯を済ます。今日は満月。窓から、明るい月明かりが差し込んでくる。夕方から下げ続けている米ドル円。そろそろ底を打つ頃だろうか。

3月30日

あの夜以来、例の話は一切しなくなった。省吾は普段と変わりなく、掃除をし、たまに食事を共にする。

ミキから電話がかかってきた。出来事の一部始終をミキに話す。

「ねえ。どう思う？　この状況」

「それはなんとも言えないなあ。結局さ、今じゃないんだよね。彼にとってのタイミングが。だったらいつなのって聞いても、それもわかんないんだろうね。それまで待っててって言えないのも彼はわかってるから言わない。でも一緒にいたいんでしょ。難しいね。彼は好きなの？　サラのこと」

「多分、好きじゃないんだよ。いや。好きかもしれないけど、それは女としてって感じじゃないんじゃないかな。人としてだよ。愛じゃないんだよ」

「じゃあ、サラはどうなの？」

「…………」

「きっとさ。彼のことが好きだから、次に行けないんじゃない。比べてしまって。彼よりいい人が現れればいいんだけどね。それかさ。もうちゃんとはっきりさせて追い出したほうがいい。過去はちゃんと断ち切らないと、新しい出会いも訪れないよ。彼はゲイじゃない。女を抱ける立派な男。もうわかったでしょ。そんなのが家にいて、男の匂いをさせてるから次がやってこないんだよ」

「そうだよね。わかってる。わかってるけど」

煮え切らない自分に憤りを感じる。溜息混じりにミキが言った。

「サラはさあ。トレードに関してはあんなに威勢よく、塩漬けポジションは早く損切りしないとって説教するくせに、プライベートになると、なんでこうも優柔不断なんだろうね。トレードみたいにさ、スパッと損切りできないわけ？」

損切りか。確かに、省吾は、まさにプラスに転じる見込みのない含み損だ。期待すればするほど裏切られる。それならいっそ、今すぐにでも損切りしないとますます深い傷を負うだけなのに。

4月2日

状況は平行線のまま。問題解決の糸口も見つからないまま時だけが流れる。

「今日はさ。私が夕飯作って待ってるから7時には帰ってきて」

「わかった」

そう言って出かけた。省吾が好きなロールキャベツ。喜ぶかな。

7時になっても帰ってこない。連絡もない。メールをしても返事がない。なんなのアイツ。約束したのに。

午後9時。ムカつく。待ってるのもアホらしいから先に食べてやる。

午後11時。なんでいっつも私ばっかり省吾のこと考えてるんだろう。向こうはなんとも思っちゃいないのに。なんで電話もしてこないの。こうやって約束破られても、責めようにも責められない。だって、私、彼女じゃないんだもん。彼女じゃないから、責める権利もない。こういう不誠実なところ、大嫌い。そう思うと、益々《ますます》怒りがこみ上げてきて、自分でもコントロールが利かなくなった。玄関まで歩く。気がつくと、家のドアにチェーンを掛けていた。

4月3日

午前8時。携帯が鳴る。

「中に入れてよ」

「なんで？　帰ってきたくなかったんでしょ」

「違うよ。こっちにだって事情が……」

「そんなの知るか。約束破っておいて、連絡もよこさないで」

「だから事情が」

この不毛なやり取りに、ついにお互い我慢の限界がきてしまった。

4月5日

午前7時。普段と変わらない一日の始まり。トレードルームに行き、パソコンの電源を入れる。ドアをノックする音が聞こえた。返事をすると、中に入るでもなく、ドア越しに省吾が言った。

「来月、ここ出て行くね」

「あ、そう。わかった。じゃあ、私もここ引き払うわ。一人で住むのには広過ぎるし」

拍子抜けするくらいあっさりしていた。なんとなく察していたのか、特に驚きもしなかった。3年かあ。長かったな。呪縛から解き放たれたように心がすっきりしているのが自分でもわかる。ああ。なんでもっと早くこうしていなかったんだろう。

5月1日

今日の成績、プラス75，000円。

昨晩から降り続いていた雨はやみ、リビングルームの窓を開けると、湿り気を帯びた空気が入り込んでくる。早朝のトレードを終え、朝食の食器を洗っていると、省吾がスーツケースを持って部屋から出てきた。

「行くの？」

「うん。行く」

「引っ越し先は決まったの？」

「取りあえず弟のところ」

「元気でね」

「落ち着いたら連絡するよ」

「わかった」

「サラ。今までありがとう」

「こちらこそ」

食器を洗う手を休めることなく、消え入りそうな声で、かろうじて答えた。省吾の視線を感じてはいたが、彼の言葉に振り向くことも、視線を合わせることもできなかった。

省吾は静かに玄関のドアを閉めた。ドアが閉まる音が消えた瞬間、私はその場にへたり込み、暫《しば》くの間声を上げて泣き続けた。本当に出て行くなんて信じられなかった。

結局私は、省吾のことを好きだったのか？

自分のモノにならない目の前の男をただ支配したかっただけ？

見栄えのするペットを手なずけて手元に置いておきたかっただけ？

多分、全部正解だと思う。でももう考えるだけ無駄。彼は、もうここにはいないのだから。

「山高ければ谷深し」

そんな相場の格言がふと頭に浮かんだ。上昇し過ぎると、その反動で暴落も激しいものであるという格言。

ちょっと前までは、億の金を手にして、贅沢三昧な生活だった。今は、手にしたお金も失い、側にいてくれた人もいなくなった。次々と襲いかかってくる辛い出来事に、為《な》す術《すべ》もない。どうすればこの負のスパイラルから抜け出せるのか、もはや見当もつかなかった。でも、どんなに深い谷底でも底はあるはずだ。

谷深ければ山高しだ！

と自分を奮い立たせるにはもうちょっと時間が必要かもしれない。

6月6日

今日は五反田のマンションの引き渡し日。

省吾が家を出て行ってしばらく経ってから、マンションの解約手続きを進めた。青森に戻り、気に入った部屋を見つけ、即契約。都会での生活に未練はない。田舎でも都会でも、インターネット環境があれば、どこでトレードしてもいいのだから。

今さら生活環境を変えるのは、正直怖かった。都会に星の数ほど生息する独身男の中から、運命の人を一人も見つけられなかったのに、若者人口の極端に少ない田舎で、一体どうやったら見つけられるというのだろう。33歳、独身。女性としての自信を完全に失った状態の中で、田舎で一人暮らしをスタートさせる。これがどれだけ無謀で勇気のいる決断か。

でも、もうそんなことどうでもいい。今の私に必要なのは、心の癒やし。ただそれだけだった。男なんてもういらない。そんな覚悟さえ決めようとしていた。

7月20日

旅行@パリ

ギリシャの経済危機を発端として、ポルトガル、スペイン、イタリアと次々にユーロ圏各国の財政危機が表面化してきている。ユーロは大幅下落。去年の今頃、ユーロ円は138円だったのが、今現在112円。単純に、13,800円だった商品が、11,200円で買えるという計算になる。ヨーロッパを訪れる観光客にとっては有り難いユーロ安だ。

成田空港から約13時間かけてシャルル・ド・ゴール空港に到着。そこからタクシーに乗り、パリ市内のホテルに向かう。渋滞に巻き込まれることもなく30分程で凱旋《がいせん》門に到着。シャンゼリゼ通りから見上げる凱旋門の迫力のある佇まいに圧倒されながら、ついにパリに来たのだという実感が込み上げてくる。夏の青森も過ごしやすいが、この時季のパリはまた別格だ。思い切って旅行に来てよかった。澄み切った青空を見上げて心からそう感じた。

高級車が何台も駐車されているホテルの入り口前でタクシーを降り、重いスーツケースを引きずりながらドアマンに迎えられる。

高級ブランドが立ち並ぶモンテーニュ通りでもひときわ華やかな雰囲気を放つ5つ星ホテルのプラザ・アテネ。外観は、バルコニーに飾られた赤い花と南仏を思わせるクリーム色の壁とのコントラストで一際目立つ。

エントランスホールは外観と同様、アレンジされた赤い花が飾られ、アンティーク調のソファやテーブル、大きなシャンデリアがまばゆく光る。部屋に案内される。

息つく間もなく、PCを荷物から取り出し、インターネット環境のチェックをする。半日以上相場を見ていないと、やはりどうしても落ち着かないようだ。日本だろうが、海外だろうが関係ない。

荷物の整理を終え、1階のラウンジに向かう。宮殿の回廊を思わせるそのラウンジでは、ハープの生演奏が優雅に響いている。ふかふかのソファに腰を下ろし、エスプレッソとケーキを注文。チョコレートの繊細な甘さとフランボワーズの酸味が利いたケーキにほろ苦いエスプレッソがよく合う。

滞在1日目

午前中の成績、マイナス80，000円。

午後から市内巡りとウィンドウショッピングに出かける。本日は買い物禁止。プランタンとギャラリー・ラファイエットでウィンドウショッピングを楽しむ。ちょうどサマーセール時期で、有名ブランド品も50％オフ商品がずらりと並んでいる。明日から行うトレードのモチベーションを高めるのには十分過ぎた。

滞在2日目

今日の成績、プラス120，000円。

パリは恋人の街、とたとえられる理由がよくわかる。シャンゼリゼ通りも高級ブランドが立ち並ぶサントノレ通りも、どこもかしこも歩くだけで高揚感を得られる。唯一苦手なのが石畳の路地。普段履かないヒールで粋に闊歩《かっぽ》しようとすると、溝に足をとられてしまってうまく歩けない。それでも、お洒落をしないと、この街に申し訳ない。そんな気分にさせられる。

外を歩いていても、日本のようなジメッとした灼熱《しゃくねつ》の熱風にうんざりすることもない。カラッと晴れた青空を眺めながら、ランチには、ハムとチーズと目玉焼きがのったガレットに舌鼓を打つ。

フランスでは、よく「女とワインは古いほうがいい」と言われるらしいのだけど、街並みを見ればよくわかる。建物だって、古ければ古いほど価値が上がるとされている。畳と女房は新しいほうがいいなんて言っている日本人男に比べると、古いものを味があると捉えるこの国の男性のほうが、もしかしたら私を温かく受け入れてくれるのではないか。そんな気すらしてくる。

滞在3日目

オペラ座界隈を散策しながら、カプシー通りにあるカフェに入る。外観はシックでモダンないたって普通のカフェなのだが、中に入って驚く。まるで宮殿のような豪華で美しい内装。天井にはルーブル美術館にあるような壁画が描かれ、シャンデリアが輝いている。店員に聞くと、「ナポレオン3世の邸宅だったのよ」と教えられて納得する。椅子に腰掛け、早速PCを開いてチャート画面を映し出す。

「相場見てるんですか」

そう言いながら画面を覗き込んできたのは日本人の若い男性だった。日本では、出先でチャートを開いていると、馴れ馴れしいおじさんによく声をかけられることはあったが、まさか海外で声をかけられるとは思ってもみなかった。PC画面を勝手に見るなんて失礼なヤツ。

「はい。為替ですけど」

すぐさま視線をそらし、不機嫌そうに答える。

「あ。すいません。勝手に見ちゃって。失礼ですよね。本当にすいません。チャートが目に入っちゃって。僕もちょっとだけやってるんでつい。これで今も見てたんです」

彼は、空気を読んだのか、バツが悪そうに何度も謝ってくる。謝りながら、自分の持つスマートフォンの画面を私に見せてきた。奇遇にも、私と同じFX会社のチャートをスマートフォンで見ていた。なんだかこっちのほうこそ、無愛想にして申し訳ないという気分になってきた。

「スマホ便利そうですね。PCを持ち歩かなくてもいいし。私と同じFX会社使ってるんですね。びっくりしました」

「僕も驚きましたよ。うちの父親が、昔から株が好きで。中学生の頃からチャートを手書きで書かされたりしたんですよ。妹達はすぐ飽きちゃったみたいなんですけど、僕だけなんかすごい興味持っちゃって」

目尻を下げて、くしゃっとあどけなく笑った。顎《あご》にうっすらと生えた無精髭《ひげ》と、ガタイのいい体つき。背筋をピンと伸ばし、姿勢よく座りながらコーヒーを口に運ぶ仕草。悪い人じゃなさそう。その笑顔を見て、直感的にそう思った。それに、手書きでチャート？　どうやら〝にわか〟ってわけでもなさそう。

「パリは旅行ですか？」

「あ。はい。妹が絵をやってて。こっちの大学院に今年から留学することになったんで、会いに来たんですよ。今その妹と待ち合わせしてるんですけどね。なかなか来なくて」

「へ〜、大学院ですか。すごいですね。あなたは……。ええと、お名前は……」

「遠藤です。遠藤良。お名前は」

「サラといいます。で、遠藤さんも絵を？」

「いえ。僕は普通の仕事ですよ。東京で保育士をやっています。子供が好きなんで」

「へ〜。男の人で珍しいですね。立派なお仕事。人のために役立つ仕事っていいですね」

私とは全然違う……とは言えなかった。

「サラさんは何をやっていらっしゃるんですか」

「私は……ええと……。職探し中です」

咄嗟にそう答えた。どう見ても年下そうだけど、いくつなんだろう。20代後半くらいかな。

「ここのカフェ、スゴイですよね。宮殿みたいで」

「そうですね。うるさくないし、すごく落ち着きますね」

「写真撮りましょうか。記念に」

「ええと。私デジカメ今持ってなくて。携帯でいいかな」

「僕一眼レフありますよ。こっちで撮りましょうか」

そう言って立ち上がった。立つと、ますます大きい。人目もはばからず、何度も角度を変えながら、体をねじ曲げて地べたに這いつくばる。美しい天井が映るようなアングルを探し、私を何枚か写真に撮った。その、鈍臭いけど真剣な姿に、たまらず吹き出しそうになる。

「これ、送るんで、メアドでも教えてもらえますか？　せっかくなんで」

ごく自然にお互いのメールアドレスを交換した後、遠藤良はその場を後にした。

外に出て時計を見ると、すでに午後7時を回っていたが、外はまだ夕方のような明るさ。

人々は、これからゆっくり時間をかけてディナータイムを満喫する。広場の真ん中に堂々とそびえ立つオペラ座ガルニエ。赤々と広がる夕焼けの空を背に、その圧倒的なスケールと存在感で、行き交う人々を優しく見守っている。

結局、今回の旅行で購入したものは友人達と家族への土産のみ。セール品を見ながらトレードのモチベーションを高めたが、ウィンドウショッピングのみ。どうも最近、物欲が湧かない。自分を着飾ることに対し、ステータスも感じなくなった。物で心を満たすことへ、どこか違和感を持ち始めたからかもしれない。青森での田舎生活を始めたせいだろうか。それとも、自分の中で、以前とは違う価値観が生まれたせいだろうか。

8月10日

午前8時。

〈サラさんおはようございます。今日も相場はよく動きますね〉

〈おはよう。今朝は4時からトレードしてるよ。もう出かける時間?〉

〈はい。今から行ってきます！　それでは！〉

〈いってらっしゃい。気をつけて〉

フランスから帰ってきて以来、遠藤良とはほぼ毎日チャットのやり取りをしている。特に込みいった話をするわけでもなく、おはよう、おやすみなさい、とか、お仕事お疲れ様、とか他愛もない会話を繰り返す。ただ、毎日ほぼ決まった時間に入る彼からのメッセージが、ちょっとずつ楽しみになってきているのは確かだ。

午後9時。

〈ただ今帰りました。サラさんはトレード中ですか？〉

〈おかえりなさい。今日はもう終わりかな。夕方頑張ったから〉

〈お疲れ様です。僕は今から風呂に入って夕飯です〉

〈何食べるの？〉

〈これから味噌汁とキムチチャーハンを作るところです。おかずは納豆で〉

自分の冷蔵庫の中にも、キムチと納豆が入っているのを思い出し、ぷぷっと吹き出す。

〈毎日自炊してるのってエライね。こんな遅くに〉

〈料理は結構好きなんですよ。オムライスとか得意ですよ〉

〈男の人でオムライスを作れるって可愛いね。ところで良君。そろそろ敬語やめない？〉

〈えー無理ですよ。無理無理。癖なんで。笑〉

〈だって、仲良くなった気がしないよ。ダメ？〉

〈か。かしこまりました。笑〉

〈笑。じゃあせめて、ちゃん付けで呼んでね。歳を感じてしまうから〉

〈わかりました。サラちゃん〉

〈じゃあ、来週東京に行くから、私とデートしよう！　是非誘って下さい〉

12月5日

夏頃、青森に拠点を移して以来、ミキと会うのは5ヶ月ぶり。代官山のカフェでランチをしている。

「都内にも部屋借りることにしたんだ。良と住むの」

「都内にもってことは、東京と青森と往復生活をするってこと？」

「そうだね。良ともずっと一緒にいたいけど、向こうの生活も捨て難いし」

「やっぱり私の言った通りじゃん。過去を断ち切れば、新しいのがやってくるって」

「そうなのそうなの。今までとは何が違うってさ。彼、5回目のデートでこう言ったんだよ。真剣にお付き合いしたいんです、大事にしますんで、って。手もにぎってないのに。信じられる？　こういう始まり方が今時存在するなんて。ちゃんと付き合うまでの手順をしっかり踏むような人って、世の中には存在するんだね。古風っていうか、なんか感心しちゃった」

「確かに。サラが選ぶ人にしちゃあ、珍しくまともな感じの人だね」

「でねでね。しかもね。7回目のデートで言うわけよ。最後の人にしたいって」

「え〜。それってまさかの」

「いや。まだわかんないけどね。彼、保育士辞めて、弁護士になるために学校通いたいんだって。だからしばらく結婚はなさそうだけどさ。でも少なくともお互いの気持ちは確かめ合ってるから不安はないかな。今までと違って」

「すごい進歩じゃん。でも、良君、仕事辞めるつもりなんだね。まさか、授業料とか出してあげたりしないよね？　サラはお金のトラブルには気をつけないと」

「そこんところはね、もう本当に懲りたから一線は引くと決めたよ。良とはトレードの話はするけど、いくら稼いでいるとか彼は知らない。聞いてこないしね。最近は向こうの金銭感覚に合わせて生活するようにしてるから、私もだいぶ変わったと思う」

「そっか、ならよかった。でもさ、損切りってホント大事なんだね」

「ホントそうだね。やっぱりさ。憑《つ》き物だったのかも。3年間ももがき苦しんでさ。彼氏できないって悩んでいたのに、省吾が出て行った瞬間に、運命的な出会いがあるなんて」

「そうだよ。そうだよ。嬉しいね。ようやく二人共に幸せになれて。覚えてる？　年始に行った神社」

「キャー。思い出した。それだ。縁結びの神社。私は滑り込みセーフだったけど、きっとその御利益だね。神様っているんだね。ミキ」

「うんうん。もうさ。相場も下がりまくって底打ちした感じじゃん。だから、来年からは上がっていくしかないよ。上昇トレンドだよ。買いだよ。うちらの人生も上昇トレンドだね」

「あ、そういえばさ。奈美子はどうしてる？　連絡取ってる？」

「取ってるよ。たまに『溜まり場』で一緒に飲んだりしてる。最近捨て猫拾って飼い始めたらしいよ、2匹も。あと、引っ越したんだって。溝の口だったかな。あそこ、スノーボードが屋内でできる施設があるらしいんだけど、そこで夏もスノボできるようにって。恋は相変わらず短期トレードらしいよ。全く。マイペースなんだから。あの人だけは」

「ははは。その変わんないところがなんかいいよね。いつまでも青春って感じで」

２０１０年、33歳の年があと1ヶ月で終わろうとしている。何もかも消えてなくなってしまった時は、人生どん底だと悲観した。でも、そんな時でさえ、私は決して一人じゃなかった。いつも誰かに支えられ、支え合って生きているんだ。普段と変わらないミキの笑顔が、眩しく光って見えた。

2010年

総資産：65,000,000円

成長の兆し、大いにあり。恋愛：3年越しの塩漬け恋愛に終止符。そして3年ぶりに新たな恋愛スタート。

第7章

朝の来ない夜はない

2011年——

信念を持って待ち続ければ、いつか光が見えてくる。下落相場も永遠には続かないという格言。

２００９年10月以降、ギリシャの財政危機を発端としたユーロ危機は、未《いま》だ収束の目処《めど》が立たずにいる。ユーロ崩壊の噂も囁かれている。問題解決の糸口も見いだせないまま、相場は下がり続け、ユーロ円は１０６円台に突入。ピーク時は１７０円にも届く程だったのに、もういつ１００円割れしてもおかしくない。２００７年のサブプライムショック、２００８年のリーマンショック、そして２０１０年から続くユーロ危機。ドル円も81円。ショックに続くショックで、底を打つどころか底なし沼状態。上がる気配さえ感じられない。何年も続くこの下落相場に対し、もはや市場は完全に諦めモード、何が起こっても驚かなくなった。誰も期待すらしない。草木一本さえ生えない、戦後の荒れ地のよう。

3月11日

午後2時46分。

「わ。すごい揺れ」

ダイニングテーブルの足をぎゅっと摑んだままその場で硬直する。たった一人で家にいる時に遭遇したこの大きな揺れに、底知れない不安と恐怖を感じる。次第に揺れが大きくなり、机上に積まれた4つのモニターが大きく歪《ゆが》む。反射的にテレビをつけると、どのチャンネルも地震関連のニュース一色になっていた。断続的に続く余震とは裏腹に、空は不気味に青く晴れ渡っていた。

震源地三陸沖。マグニチュード9・0の大地震が起こる。

青森、岩手、宮城、福島県の太平洋沿岸地域で津波被害発生。


〈地震大丈夫？　実家は？〉

仕事中の良からメールが入ってきた。

〈まだ電話がつながらないけど、もうちょっとしたらまたかけてみる。そっちは？　仕事大丈夫？〉

〈うん。こっちは大丈夫。今日は早めに帰ると思う〉

インターネットは変わらずつながり続けている。マーケットは、地震発生直後から断続的に株も為替も下落し続けている。

妹、姉、妹の旦那、誰とも電話が全然通じない。

「おお。サラか」

ようやく父につながった。

「おおじゃないよ。地震そっち大丈夫？」

「ああ。なんともないし、おっきいものも落ちてこなかったから大丈夫だべ」

「よかった。マンションのほうはどうなってるかな」

「市内のほうが大きかったかもしれないな。落ち着いたら行ってみるかな」

実家がある地域は、被害が大きいと報道されていた八戸市内から車で約30分ほど離れた奥地になり、津波の影響は特に受けていなかった。

全然、大丈夫じゃないよ。

数時間後、次々とテレビで映し出される惨状に言葉を失う。本当にここ、日本なの？　東北なの？

そこには、想像を絶する青森、岩手、宮城、福島の海岸地域の津波被害の映像が生々しく広がっていた。その被害は拡大していく一方だった。良がようやく仕事場から帰宅した頃には、日本中大変な騒ぎになっていた。窓の外に目をやると、歩道を埋め尽くす人々が麻痺した交通手段を諦め、長蛇の行列を作りながら徒歩で帰宅する姿が見えた。

夕方から、再び父親の携帯に電話し続けている。午後9時頃、11回目でようやくつながった。

「ちょっとお。全然大丈夫じゃないでしょ。テレビ見た？　港のほうがとんでもないことになってるって」

「いや。ずっと停電でテレビがつかないからわかんね。家の中にいても寒いすけ、車に暖房つけて今みんなで乗っててらどこだじゃ」

そうか。停電だから、情報が全く入ってこないんだ。初めてそのことを知った。

翌日も、その翌日も、連日のように報道される津波被害現場。停電からようやく解放された父が、自宅から目と鼻の先で起こった津波の悲劇を知ったのは、2日後のことだった。車の運転中、目の前の車が津波に流された幼なじみ、職場が全壊し、職を失った友人もいた。無農薬野菜の卸業を営む妹の家族は、水浸しになった倉庫の整理に毎日明け暮れた。

3月14日

福島第一原子力発電所事故による不透明感により日経平均が1万円割れ。

3月17日

ニューヨーク外国為替市場では、瞬間76・25円をつけて円高が進行。1995年4月19日の79・75円を16年ぶりに更新。

この東日本大震災以降、米ドル円の暴落に益々歯止めが利かない状態になっていた。ついに禁断の節目80円を割り込み、投げ売りが加速。たった一日で76円まで下げたのだ。これにより、FXで米ドル買いをしていた多くの個人投資家がロスカットを食らい、大量の円買いドル売りを誘発。目も当てられない程の大損失を被った人々が続出した。失望につぐ失望で、もはや市場に期待する者は誰一人いない。

いつもなら、こういう下げ相場は大得意のはずで、果敢に攻めて莫大な利益を得ているはずだった。サブプライムショックの時も、リーマンショックの時も、ユーロ危機の時も、ショック祭りの時はビッグチャンスだった。でも、それは対岸の火事であり、どこか遠くの出来事だったからできたのかもしれない。今回起こった現場が日本、しかも、自分が生まれ育った土地で起こった災害。その災害が発端で起こった暴落を、チャンスと割り切って捉えることが、心情的にどうしてもできなかった。

何のためにトレードをしているんだろう。どんな状況にあってもストイックにお金を稼ぐため？ 人が泣いている時に金儲けするのが仕事？ 目の前で起きた非常時に、改めて考えさせられる。

仕事とは何か。お金を稼ぐだけ？ 人から感謝され、やり甲斐を持つこと？ 人として、トレーダーとしてどう仕事と向き合うべきか。トレーダーという仕事への葛藤が私の心に襲い掛かってくる。

地元では、高速道路が寸断され、物資の配達が滞っている。商品の入荷がストップしているため、在庫限りで店じまいを余儀なくされる。義理の弟は、無農薬野菜を配達するために必要な、車のガソリンが入手困難なため、朝3時から整理券を持って並んでいる。田舎は、大人一人につき1台車を動かさないと、子供の学校の送り迎えさえままならない。

地震発生から1週間、ただただチャートは眺めるものの、トレードが手につかない。心の迷いや邪念が手元にブレーキをかけるのだ。

「テレビ見てたらさ、トレードできなくなっちゃって。もう1週間休んでる」

夕食時、良と豆乳鍋をつつきながら愚痴をこぼす。

「どうして？　まあ、気持ちはわかるけど。でも相場が動いているんならやればいいのに」

「だってさ。地震で苦しんでいる人がいるのに、そのニュースで儲けようとするのってさ、人としてどうなのって普通思うじゃない。今に始まったことじゃないけど。トレードって、ただ数字追いかけているだけだし。決して簡単に稼いでいるわけじゃないよ。でも、人のためになってるかって言ったら、そうじゃないじゃん。全部自己完結しちゃってるし。良がやっていることは、人から感謝されたり、役に立っているっていう自覚が持てる仕事でしょ。それと比べるとね。何やってんだろうってたまに思ったりするわけよ」

良は、しばらく無言のまま考え込んでいたかと思いきや、突拍子もないことを言い始めた。

「ねえ。『アンパンマンのマーチ』、歌詞知ってる？」

「ええと。『なんのために生まれて。なにをして喜ぶ』だっけ？」

「違う違う」

そう言うと良は箸を置き、いきなり立ち上がる。

「そうだ うれしいんだ 生きる よろこび

たとえ 胸の傷がいたんでも

なんのために 生まれて なにをして 生きるのか
こたえられないなんて そんなのは いやだ！
今を生きる ことで 熱い こころ 燃える
だから 君は いくんだ ほほえんで
そうだ うれしいんだ 生きる よろこび
たとえ 胸の傷がいたんでも
ああ アンパンマン やさしい 君は
いけ！　みんなの夢 まもるため

なにが君のしあわせ なにをして よろこぶ
わからないまま おわる そんなのは いやだ！
忘れないで 夢を こぼさないで 涙
だから 君は とぶんだ どこまでも」

真剣な表情で「アンパンマンのマーチ」を熱唱する良を見て、私はにやける顔を必死に取り繕う。歌でも歌って私を励まそうとしているのだろうか。

「笑うところじゃない。まじめに歌詞の意味考えろって」

「ああ。ごめんごめん。大人になって改めて聞くと、確かに深いね」

「だろ。お腹をすかせている人がいたら、自分の顔を食べさせるんだよ。自己犠牲の愛だよ。アンパンマンが言いたいのは。お金を稼ぐ手段はなんでもいいんだよ。犯罪を犯したり、人に迷惑をかけたのじゃなければ。大事なのって、それをどう使うかなんじゃないの。社会貢献の仕方って色々あると思うよ。それにさ。そうやって悩む心を持っているっていうだけでも、サラはまともな感覚を持っている人なんだと思うよ。それも大事なトレーダーの資質じゃん。お金を稼ぐことに罪悪感を覚えることなんて全然ないよ。堂々とやればいい」

お金をどう稼ぐかも大事だけど、もっと大事なのはそれをどう使うか、か。はっとした。私、今まで、人に感謝されることのない仕事への後ろめたさばかり考えてきた。その稼いだお金で人の役に立つことをすればいいんだ。こんな簡単なこと、今までなんで気づかなかったのだろう。

結婚して、専業主婦になって、トレードで家計を支えるというささやかな夢。

トレードを始めて間もない頃、抱いた夢。

ささやかとは言えないくらい稼げるようになってからは、贅沢することばかりで充足感を得ようとしてきた。だが、少しずつ、散財するだけのお金の使い道に違和感を覚えていた。トレードで稼いだお金で、他にもできることがたくさんあるのではないか。

「なるほどね。良の言いたいこと。なんとなくわかった。ありがとう」

ようやく自分がやっていることを認めてくれる人に出会えたのかもしれない。正論を恥ずかしげもなく堂々と言える良、すごくいい。大好き。

0時を回った頃ベッドに潜る。よし。明日から頑張ろう。気持ちを新たに眠りについた。

3月18日

昨日、16年ぶりに76・25円まで円高が進行した。この禁断とされていた節目の80円台水準を大きく割り込んでしまったことで、財務省は、大規模な為替介入は十分有り得る、というような円高牽制《けんせい》を頻繁に行っていた。いつ介入が入ってもおかしくない。そんな状況の中で、まだかろうじて体力を温存していた市場参加者は、今か今かと固唾《かたず》を呑《の》みながら、その瞬間をじっと見守っていた。


午前9時。

G7各国が協調して為替介入を発動。

その介入は、テレビの緊急速報で知った。速報が流れた瞬間、ツイッターで呟く。

「為替介入キタヨ」

よし。聖戦スタートだ！

躊躇なく買い注文を入れた。注文が約定するや否や、チャート上には、長い長い陽線が一直線に急上昇していく。大きな決意と強い意志を秘めた、迷いのない上昇は圧巻だった。日本は、このままじゃ終わらない。日本にあるのは失望感ではない。不死鳥のように何度でも甦るんだ。そう世界に訴えかけているかのようだった。わずか1時間足らずで2円の上昇。81・83円台までの急反発を記録。今まで見てきた相場の中で、これほどまでに日本の底力というものを発揮した瞬間というのは初めてだった。

久々に感じる緊張感。売りと買いの攻防線。まだ我慢。もうちょっと伸びる。小刻みに揺れ動くレートの波。安値を切り上げてまだまだ伸びる。こらえ切れず決済する人。損切りを余儀なくされる人。じっとこらえて持ち続ける人。ランダムに動いているかのように見えるチャートの裏で、人間の欲望が渦巻く心理状態が、見え隠れする。

マウスを握る手が震える。じんわり額ににじむ汗を感じながら決済のタイミングを見計らう。あっという間の出来事だった。これまで行ったトレードの中で、最も短時間での、最も大きな勝負だった。サブプライムショックの時も、リーマンショックの時も感じなかった不思議な感覚。相場の波動が手に取るようにわかった。秒単位で増減する数字を目の前に、胸の鼓動は多少高鳴ったが、自分でもびっくりするくらい冷静だった。その感覚の通り、私の思い描く線をなぞるかのように、相場は狙い通りの動きを見せた。

決済を終え、PCの画面をそっと閉じる。ジャージの下の背中と脇は、大量の汗でびっしょり濡《ぬ》れていた。椅子から立ち上がろうとして、立ちくらみでよろめいた。冷静だったとはいえ、無意識に感じていた心理的負担は相当なものだったのだろう。

時計を見るとすでに午後3時を回っていた。窓を開け、春の生暖かい空気を部屋いっぱいに取り込む。
もう春なんだ。
日差しが眩しく光る。桜の開花ももうそこまでやってきている。

4月6日

為替介入から3週間で、米ドル円は9円の上昇を記録。一時85・50円まで大きく回復。

4月20日

振込金額：3000万円
振込先：日本赤十字社

為替介入が実施された日、瞬きする暇も惜しんでチャートと戦ったあの死闘の中で、マーケットから勝ち取った全額を、東北復興のために寄付した。お金の正しい使い道。そんなものは、自分でもまだよくわからない。でも、意義のある、気持ちのいい使い道ならなんとなくわかったような気がした。

「楽して稼いだ金は身にならない」

あの脂顔の小太り男の、呪いのような言葉がまた湧いて出てきた。けれど、今度は思いっきり頭から蹴散らしてやった。

2011年

総資産：150,000,000円

取られたお金回復まであと一歩。
恋愛：大好きな彼氏と同棲中。

エピローグ

２０１３年

5月10日

〝日本再興戦略〜JAPAN IS BACK〜〟

安倍内閣がアベノミクスを掲げた。デフレ克服、インフレターゲットを設定し、大胆な金融緩和措置を講ずるという金融政策を表明したことから、円安ドル高が急激に進行。1ドル＝100円台を記録。２００９年４月14日以来の円安ドル高水準。日経平均は12週連続で上昇し、1958年12月から59年４月にかけての17週連続に次ぐ54年ぶりの記録。

２００７年から続く長期下落トレンド相場に、明るいニュースが流れるようになり、６年ぶりに相場が活気づいている。長い長いトンネルの向こうにようやく光が見えてきた。

２０１４年

4月1日

消費税率が5%から8%に。

10月1日

東京外国為替市場で円安ドル高が進行し、1ドル=110円台を記録した。2008年8月以来の円安ドル高水準。


「赤ちゃん。かわいいね」

「うん。かわいいね」

「小さいね」

「だね」

「いい匂い」

「たまにクサいの出すけどね」

「子ザルちゃんみたい。パパそっくりじゃん」

「赤ちゃんはみんな子ザルみたいなんだよ」

「はは。確かに。きっと男前になるね」

「子供ってさ、夢があるよね」

「うん」

そう言いながら二人で顔を見合わせる。去年ミキは、2年と半年間付き合った彼氏と結婚した。結婚後間もなく妊娠、そして今年6月に出産。生まれたばかりの赤ちゃんに会いに、ミキを訪ねている。

視線が互いの体へと移動する。

「ちょっと太ったんじゃない」

眠りから目覚めた赤ちゃんをあやしながらミキが言う。

「あら。やっぱりバレたか。老化は止められないね。それとも幸せ太りかな。良と同棲してから5キロ増だよ。ミキも結婚してから全然遊んでくれないし、奈美子も10歳年下の彼氏とデートで忙しいみたいだからさ。私は毎日お弁当作って、トレードして、夕飯の準備して。テレビを見ながら良の帰りを待つ毎日だよ。ほとんど外出しなくなったらこうなっちゃった。生活だけは、主婦トレーダーやってるみたいなもんだよ。平和ですごく幸せだけどね。でもそちら様もだいぶ太ったね」

「産後なんだから。怠慢太りと一緒にしないでくれる？　でも、私も毎日家事と育児しかしてないな。そろそろトレードも始めたいし。ああ、でもやっぱり早くお酒が飲みたい。あああ、そうだ。〝太った〟で思い出した。ねえちょっとこれ見て。すごい記事見つけちゃったの」

そう言うと、ミキは何か思い出したように、テレビの横に無造作に置かれた週刊誌を取ってくると、私に手渡した。パラパラとめくって、ミキが指さしたそのタイトルを見た瞬間、驚いて絶句する。

『ＦＸ女性詐欺師、30億円荒稼ぎトレーダーは元ＡＶ嬢』

「3月15日、警視庁と宮城、福島両県警の特別捜査本部は、投資会社ユナイテッドインベストメントの代表青木玲子を金融商品取引法違反などの疑いで逮捕した。カリスマトレーダーと称し、３５０人もの個人投資家から30億円もの金を騙しとったという彼女。実はかつて、熟女ＡＶ女優として活躍していた城之内麗華だったのだ。50本以上のＡＶに出演していたという同容疑者は、セレブ風の容姿を売りにし、過激なプレイで人気を博していた」

成金風の派手な容姿の玲子。私が知るその彼女の写真の下には、全裸をボンレスハム状に縛られ、逆さ吊りにされた、ＡＶ嬢の写真が掲載されていた。まるで別人のようだったが、確かに玲子ママの面影はしっかり残っている。ギャップがあり過ぎるその二つの写真。

「うわあ。締まりのない体。胸も垂れてるし。こんなみっともない体を人前で晒《さら》せるなんて、やっぱり只者じゃないな。うちらはまだ間に合うよ。こうならないように」

ミキは、自分の腰回りを触りながら、写真と見比べて優越感に浸る。

「同感。あーあ。なんか、すごい爽快な気分。お金は取り戻せそうにないけど、その代わり、いいもん見せてもらったよ。ふふふ。それに、お金はもうトレードで回収済みだし。あ、スマホが鳴ってる」

　省吾からのメッセージだった。

「ちょっとねえ。省吾、シンガポールから帰ってくるらしいよ。1週間泊めてって。全く、図々《ずうずう》しいにも程がある。アイツ」

「省吾君、相変わらず自由な感じだね。良君は平気なの?」

「平気も何も、私より仲良いよ、あの二人。省吾ってば、ラインでグループ作ってわざわざ私と良の二人宛に送ってきてるし。あ。良から早速、〈是非どうぞ。楽しみにしてる〉って入ってきた。やだ〜。またそのまま居座られたらどうしよう。冗談じゃない」

「変な関係。君等って」

　そう言い捨てると、ミキは、部屋のカーテンを開け、ベランダに出た。爽やかな風が部屋に入り込んでくる。柔軟剤の香りに囲まれながら手際よく洗濯物を取り込むミキの姿が眩しく映る。その向こう側から、青空高くそびえ立つ巨大なスカイツリーが、視野いっぱいに飛び込んでくる。どこまでも高く。

12月5日

日経平均株価の終値、1万7920円。米ドル円は昨日の120円台から121・69円まで急伸。ともに7年4ヶ月ぶりの高値を更新した。

2014年

総資産：300,000,000円

恋愛：そろそろ結婚して正真正銘の主婦トレーダーになりたい。

本書は書下ろしです。
JASRAC 出 1500421-501

【著者紹介】
Sarah サラ
外国為替取引で生計を立てるFXトレーダー。2005年アパレル貿易会社退社後、人生を模索中にＦＸに出会う。FXや暗号通貨(リップル)のトレーダー、九星気学のコラムニストとしてメディアで活躍。自著に『ＦＸ７つの成功★レッスン』(宝島社)がある。

公式ホームページ「Sarah's Official Site」
http://sarahfx.jp/
公式ブログ「トレーダー SarahのFX日記」
http://tradersarah.blog42.fc2.com/

わたし、すっぴんジャージで「億」を稼いでます。

2015年２月27日　第１刷発行

著　者　Sarah(サラ)
発行者　見城 徹
発行所　株式会社 幻冬舎
〒151-0051 東京都渋谷区千駄ヶ谷4-9-7
電話　03(5411)6211(編集)　03(5411)6222(営業)
振替　00120-8-767643

GENTOSHA

印刷・製本所　株式会社 光邦

検印廃止

ISBN978-4-344-02731-2 C0095
幻冬舎ホームページアドレス　http://www.gentosha.co.jp/
この本に関するご意見・ご感想をメールでお寄せいただく場合は、
comment@gentosha.co.jpまで。